Projet OCDE/G20 sur l'érosion de la base d'imposition et le transfert de bénéfices

Accroître l'efficacité des mécanismes de règlement des différends, Action 14 - Rapport final 2015

Ce document et toute carte qu'il peut comprendre sont sans préjudice du statut de tout territoire, de la souveraineté s'exerçant sur ce dernier, du tracé des frontières et limites internationales, et du nom de tout territoire, ville ou région.

Merci de citer cet ouvrage comme suit :
OCDE (2016), *Accroître l'efficacité des mécanismes de règlement des différends, Action 14 - Rapport final 2015*, Projet OCDE/G20 sur l'érosion de la base d'imposition et le transfert de bénéfices, Éditions OCDE, Paris.
http://dx.doi.org/10.1787/9789264252370-fr

ISBN 978-92-64-25221-9 (imprimé)
ISBN 978-92-64-25237-0 (PDF)

Série : Projet OCDE/G20 sur l'érosion de la base d'imposition et le transfert de bénéfices
ISSN 2313-2620 (imprimé)
ISSN 2313-2639 (en ligne)

Les données statistiques concernant Israël sont fournies par et sous la responsabilité des autorités israéliennes compétentes. L'utilisation de ces données par l'OCDE est sans préjudice du statut des hauteurs du Golan, de Jérusalem-Est et des colonies de peuplement israéliennes en Cisjordanie aux termes du droit international.

Crédits photo : Couverture © ninog – Fotolia.com

Les corrigenda des publications de l'OCDE sont disponibles sur : *www.oecd.org/about/publishing/corrigenda.htm*.

Avant-propos

Les questions fiscales internationales sont aujourd'hui plus que jamais au cœur des préoccupations des pouvoirs publics. L'intégration des économies et des marchés nationaux a connu une accélération marquée ces dernières années, mettant à l'épreuve le cadre fiscal international conçu voilà plus d'un siècle. Les règles en place ont laissé apparaître des fragilités qui sont autant d'opportunités pour des pratiques d'érosion de la base d'imposition et de transfert de bénéfices (BEPS), appelant une action résolue de la part des dirigeants pour restaurer la confiance dans le système et faire en sorte que les bénéfices soient imposés là où les activités économiques sont réalisées et là où la valeur est créée.

À la suite de la parution du rapport intitulé *Lutter contre l'érosion de la base d'imposition et le transfert de bénéfices* en février 2013, les pays de l'OCDE et du G20 ont adopté en septembre 2013 un Plan d'action en 15 points visant à combattre ces pratiques. Les 15 actions à mener s'articulent autour de trois principaux piliers : harmoniser les règles nationales qui influent sur les activités transnationales, renforcer les exigences de substance dans les standards internationaux existants, et améliorer la transparence ainsi que la certitude.

Depuis lors, tous les pays de l'OCDE et du G20 ont œuvré sur un pied d'égalité, et la Commission européenne a également apporté sa contribution tout au long du projet BEPS. Les pays en développement ont été étroitement associés au moyen de différents mécanismes, notamment une participation directe aux travaux du Comité des affaires fiscales. En outre, des organisations fiscales régionales, comme le Forum sur l'administration fiscale africaine (ATAF), le Centre de rencontres et d'études des dirigeants des administrations fiscales (CREDAF), et le Centre interaméricain des administrations fiscales (CIAT), ont travaillé aux côtés d'organisations internationales, telles que le Fonds monétaire international (FMI), la Banque mondiale et les Nations Unies. Les parties prenantes ont été largement consultées : au total, le projet BEPS a fait l'objet de plus de 1 400 contributions d'entreprises, de fiscalistes, d'ONG et d'universitaires. 14 réunions publiques de consultation se sont tenues et ont été transmises en direct sur l'Internet, tandis que le Secrétariat de l'OCDE a diffusé des sessions interactives sur le Web afin de tenir le public informé de l'évolution du projet et de répondre à ses questions.

Après deux ans de travail, les 15 rapports prévus par le Plan d'action ont été établis. Tous ces rapports, y compris ceux publiés à titre provisoire en 2014, ont été réunis au sein d'un ensemble complet de mesures, qui représente le premier remaniement d'importance des règles fiscales internationales depuis près d'un siècle. La mise en œuvre des nouvelles mesures devrait conduire les entreprises à déclarer leurs bénéfices là où les activités économiques qui les génèrent sont réalisées et là où la valeur est créée. Les stratégies de planification fiscale qui s'appuient sur des règles périmées ou sur des dispositifs nationaux mal coordonnés seront caduques.

La mise en œuvre revêt donc une importance cruciale à ce stade. L'application des mesures prévues passe par des modifications de la législation et des pratiques nationales et par l'adoption de nouvelles dispositions conventionnelles, grâce à la négociation d'un instrument multilatéral qui devrait aboutir en 2016. Les pays de l'OCDE et du G20 ont également décidé de poursuivre leur coopération en vue de garantir une application cohérente et coordonnée des recommandations issues du projet BEPS. La mondialisation exige de trouver des solutions de portée mondiale et de nouer un dialogue mondial qui va au-delà des pays de l'OCDE et du G20. Pour promouvoir cet objectif, les pays de l'OCDE et du G20 concevront en 2016 un mécanisme complet de suivi auquel tous les pays intéressés participeront sur un pied d'égalité.

Une meilleure compréhension de la manière dont les recommandations issues du projet BEPS sont mises en pratique pourrait limiter les malentendus et les différends entre États. Une attention accrue portée à la mise en œuvre des actions et à l'administration de l'impôt pourrait être bénéfique tant pour les États que pour les entreprises. Enfin, des solutions sont proposées pour améliorer les données et les analyses, ce qui permettra d'évaluer et de quantifier régulièrement l'impact des mécanismes d'érosion de la base d'imposition et transfert de bénéfices et les résultats des mesures issues du projet BEPS appliquées pour lutter contre ces pratiques.

Table des matières

Abréviations et acronymes

BEPS	Érosion de la base d'imposition et le transfert de bénéfices (*Base erosion and profit shifting*)
OCDE	Organisation de coopération et de développement économiques
FAF	Forum sur l'administration fiscale
Forum PA-FAF	Forum sur la procédure amiable au sein du Forum sur l'administration fiscale

Synthèse

Il est essentiel d'éliminer les possibilités de fraude et d'évasion fiscales internationales et de prévenir efficacement la double imposition pour mettre en place un système fiscal international favorisant la croissance économique et l'émergence d'une économie mondiale résistante. Les pays conviennent que l'adoption de mesures élaborées pour lutter contre l'érosion de la base d'imposition et le transfert de bénéfices dans le cadre du *Plan d'action concernant l'érosion de la base d'imposition et le transfert de bénéfices* (Plan d'action BEPS, OCDE, 2013) ne doit pas être source d'incertitude inutile pour les contribuables qui se conforment à leurs obligations, ni de situations de double imposition involontaires. L'amélioration des mécanismes de règlement des différends fait donc partie intégrante des travaux sur les questions relevant de la lutte contre l'érosion de la base d'imposition et du transfert de bénéfices.

L'article 25 du Modèle de Convention fiscale de l'OCDE (OCDE, 2014) prévoit un mécanisme, indépendant des recours juridiques ordinaires prévus par le droit interne, permettant aux autorités compétentes des États contractants de résoudre d'un commun accord des différends ou des difficultés liés à l'interprétation ou à l'application de la Convention. Ce mécanisme – la procédure amiable – est d'une importance fondamentale pour que les conventions fiscales soient correctement interprétées et appliquées, et notamment pour s'assurer que les contribuables pouvant prétendre aux avantages d'une convention ne sont pas soumis à une imposition, dans l'un ou l'autre des États contractants, qui n'est pas conforme aux dispositions de la convention.

Les mesures élaborées dans le cadre de l'action 14 du Plan d'action BEPS visent à renforcer l'utilisation effective de la procédure amiable et son efficacité. Elles visent à réduire les risques d'incertitude et de double imposition involontaire en garantissant une application cohérente et correcte des conventions fiscales, notamment grâce à un règlement efficace et rapide par la procédure amiable des différends liés à l'interprétation ou à l'application des conventions. Ces mesures sont soutenues par un engagement politique fort à résoudre rapidement et efficacement les différends par la procédure amiable et à continuer à progresser afin de résoudre rapidement les différends.

En adoptant ce rapport, les pays ont accepté d'apporter des modifications importantes à leur mode de règlement des différends, en particulier, en élaborant une norme *a minima* en matière de règlement des différends relatifs aux conventions, en s'engageant à la mettre en œuvre rapidement et en acceptant d'assurer sa mise en œuvre efficace au moyen d'un mécanisme fiable de suivi exercé par les pairs grâce auquel le G20 sera régulièrement informé par l'intermédiaire du Comité des affaires fiscales. La norme *a minima* permettra de :

- s'assurer que les obligations relatives à la procédure amiable qui sont prévues par les conventions sont exécutées de bonne foi et que les différends donnant lieu à une procédure amiable sont résolus en temps opportun ;

- s'assurer que les processus administratifs favorisant la prévention et le règlement en temps opportun des différends relatifs aux conventions sont effectivement mis en œuvre ; et
- s'assurer que les contribuables sont en mesure de recourir à la procédure amiable lorsqu'ils peuvent y prétendre.

La norme *a minima* est complétée par une série de bonnes pratiques. La mise en œuvre de la norme *a minima* fera l'objet d'un suivi qui sera exercé selon des termes de référence et une méthodologie d'évaluation qui seront élaborés en 2016 dans le cadre du projet OCDE/ G20 relatif au BEPS.

En dehors de l'engagement à appliquer la norme *a minima* souscrit par tous les pays adhérant aux résultats du projet BEPS, les pays suivants ont pris l'engagement de prévoir une procédure d'arbitrage obligatoire et contraignante dans leurs conventions fiscales bilatérales, ce qui offrira un mécanisme garantissant que les différends relatifs aux conventions seront résolus dans un délai déterminé : Allemagne, Australie, Autriche, Belgique, Canada, Espagne, États-Unis, France, Irlande, Italie, Japon, Luxembourg, Norvège, Nouvelle-Zélande, Pays-Bas, Pologne, Royaume-Uni, Slovénie, Suède et Suisse[1]. Cela représente une avancée importante car, selon les données recueillies par l'OCDE, ces pays étaient partie à plus de 90 % des cas de procédure amiable recensés à la fin de l'année 2013[2].

Notes

1. La Déclaration des Dirigeants publiée à l'issue du Sommet du G7 des 7 et 8 juin 2015 (consultable à l'adresse https://www.g7germany.de/Content/DE/_Anlagen/G8_G20/2015-06-08-g7-abschluss-eng.pdf?__blob=publicationFile) incluait le passage suivant concernant l'arbitrage dans le cadre de la procédure amiable :

   De plus, nous nous efforcerons d'améliorer les réseaux internationaux existants de renseignements et la coopération transfrontalière en matière fiscale, notamment en prenant l'engagement d'instaurer un arbitrage obligatoire et contraignant de manière à ce que le risque de double imposition ne fasse pas obstacle au commerce et à l'investissement transfrontaliers. Nous soutenons les travaux sur l'arbitrage contraignant dans le cadre du projet BEPS et nous encourageons d'autres pays à se joindre à nous dans cette tâche importante.

2. Voir www.oecd.org/fr/ctp/resolution/statistiques-pa-2013.htm.

Introduction

1. À la demande du G20, l'OCDE a publié en juillet 2013 son *Plan d'action concernant l'érosion de la base d'imposition et le transfert de bénéfices* (Plan d'action BEPS, OCDE, 2013). Le Plan d'action BEPS prévoit 15 actions visant à résoudre le problème de l'érosion de la base d'imposition et du transfert de bénéfices et fixe des échéances pour la mise en œuvre de ces actions.

2. Le Plan d'action BEPS reconnaît que les actions engagées pour lutter contre l'érosion de la base d'imposition et le transfert de bénéfices doivent être complétées par des dispositions garantes de certitude et de prévisibilité pour les entreprises. Les travaux sur l'action 14 visant à accroître l'efficacité de la procédure amiable pour le règlement des différends relatifs aux conventions font donc partie intégrante des travaux sur les questions concernant l'érosion de la base d'imposition et le transfert de bénéfices et concrétisent l'approche globale et coordonnée sur lequel repose le Plan d'action BEPS. Le passage concerné du Plan d'action est le suivant :

> **Les mesures engagées pour lutter contre l'érosion de la base d'imposition et le transfert de bénéfices doivent être complétées par des dispositions garantes de certitude et de lisibilité pour les entreprises.** Les efforts pour améliorer l'efficacité de la procédure amiable viendront appuyer utilement les travaux relatifs à l'érosion de la base d'imposition et au transfert de bénéfices. L'interprétation et l'application des règles entièrement nouvelles qui seront l'aboutissement des travaux décrits précédemment pourraient créer des facteurs d'incertitude qu'il convient de minimiser autant que possible. Les efforts pour améliorer l'efficacité de la procédure amiable viendront appuyer utilement les travaux relatifs à l'érosion de la base d'imposition et au transfert de bénéfices. Il faudra aussi envisager de compléter les dispositions relatives à la procédure amiable qui figurent dans les conventions fiscales par une clause d'arbitrage obligatoire et contraignante.
>
> ***ACTION 14***
> ***Accroître l'efficacité des mécanismes de règlement des différends***
>
> *Trouver des solutions pour lever les obstacles qui empêchent les pays de régler les différends relatifs aux conventions en recourant à la procédure amiable, notamment le fait que la plupart des conventions ne prévoient pas de clause d'arbitrage et que le recours à la procédure amiable et à l'arbitrage peut être refusé dans certains cas.*

3. Le présent rapport est le fruit des travaux menés sur l'Action 14. Ce rapport rend compte de l'engagement des pays de mettre en œuvre une norme *a minima* en matière de règlement des différends prévoyant des mesures spécifiques destinées à lever les obstacles au recours à une procédure amiable efficace et efficiente. Il traduit également la décision des pays de mettre en place un mécanisme de suivi destiné à garantir que les engagements contenus dans la norme *a minima* sont effectivement respectés. La norme *a minima*, les bonnes pratiques qui la complètent et les modifications du Modèle de Convention fiscale

de l'OCDE (OCDE, 2014) qui en découlent sont présentées en détail dans les sections I.A et I.B du présent rapport. Le cadre dans lequel doit s'inscrire le mécanisme de suivi par les pairs est décrit dans la section I.C de ce rapport.

4. La norme *a minima* est constituée de mesures spécifiques que les pays prendront pour être en mesure de résoudre les différends relatifs aux conventions en temps opportun et de manière efficace et efficiente. Les éléments de la norme *a minima* sont définis ci-après en référence aux trois objectifs généraux suivants :

- Les pays doivent s'assurer que les obligations relatives à la procédure amiable prévues par les conventions sont pleinement exécutées de bonne foi et que les différends donnant lieu à une procédure amiable sont résolus en temps opportun ;
- Les pays doivent s'assurer que des processus administratifs favorisent la prévention et le règlement, en temps opportun, des différends relatifs aux conventions ; et
- Les pays doivent s'assurer que les contribuables qui satisfont aux conditions définies au paragraphe 1 de l'article 25 peuvent avoir recours à la procédure amiable.

5. Les mesures spécifiques qui font partie de la norme *a minima* sont accompagnées d'explications et, dans certains cas, de modifications du Modèle de Convention fiscale de l'OCDE (les modifications à apporter au texte existant du Modèle de Convention fiscale de l'OCDE apparaissent en ***gras et en italique*** lorsqu'il s'agit d'ajouts, et en ~~texte barré~~ lorsqu'il s'agit de suppressions). D'autres modifications seront apportées aux Commentaires sur le Modèle de Convention fiscale de l'OCDE, lors de la prochaine mise à jour de ce dernier, pour tenir compte des conclusions du présent rapport.

6. Les éléments de la norme *a minima* (figurant sous forme d'encadrés dans le présent rapport) ont été élaborés en fonction de critères clairs et objectifs se prêtant à évaluation et examen dans le cadre du processus de suivi. Comme indiqué dans la section I.C, les travaux futurs sur la mise au point du mécanisme de suivi incluront l'élaboration *(i)* des termes de référence qui seront utilisés pour l'évaluation par les pairs de la mise en œuvre de la norme *a minima* et *(ii)* d'une méthodologie d'évaluation qui sera utilisée pour mener à bien les fonctions de suivi.

7. Les conclusions des travaux sur l'action 14 traduisent également un accord sur le fait qu'il est préférable de présenter sous la forme de bonnes pratiques certaines solutions permettant de lever les obstacles qui empêchent le règlement des différends relatifs aux conventions par la procédure amiable, généralement parce que, à la différence des éléments de la norme *a minima*, ces solutions ont un caractère subjectif ou qualitatif qui ne se prête pas aisément à un suivi ou à une évaluation, ou parce que tous les pays de l'OCDE et du G20 ne sont pas prêts, à ce stade, à les adopter. Ces bonnes pratiques ne font donc pas partie intégrante de la norme *a minima*. Elles sont accompagnées d'explications et, dans certains cas, de modifications à apporter au Modèle de Convention fiscale de l'OCDE.

8. Enfin, l'adhésion à une norme *a minima* qui permettra d'accroître l'efficacité des mécanismes de règlement des différends relatifs aux conventions fiscales est complétée par l'engagement, pris par un certain nombre de pays, d'instituer un mécanisme d'arbitrage obligatoire et contraignant. Bien qu'il n'existe actuellement pas de consensus entre les pays de l'OCDE et du G20 sur l'adoption de l'arbitrage obligatoire et contraignant en tant que mécanisme permettant de s'assurer que les différends faisant l'objet d'une procédure amiable sont réglés en temps opportun, un groupe important de pays s'est engagé à adopter et à appliquer l'arbitrage obligatoire et contraignant. Cet engagement concernant l'arbitrage est décrit à la section II du présent rapport.

I. Norme *a minima*, bonnes pratiques et processus de suivi

A. Éléments de la norme *a minima* visant à assurer le règlement des différends relatifs aux conventions en temps opportun et de façon efficace et efficiente

1. Les pays devraient s'assurer que les obligations relatives à la procédure amiable prévues par les conventions sont pleinement exécutées de bonne foi et que les différends donnant lieu à une procédure amiable sont résolus en temps opportun

9. Le mécanisme de règlement des différends prévu à l'article 25 du Modèle de Convention fiscale de l'OCDE (procédure amiable) fait partie intégrante des obligations incombantes à un État contractant qui adhère à une convention fiscale et en constitue une partie essentielle; les dispositions de l'article 25 doivent être pleinement appliquées de bonne foi conformément aux modalités qu'elles prévoient et à la lumière de l'objet et du but des conventions fiscales. Les éléments de la norme a *minima* présentés à la section I.A.1 sont destinés à garantir que les obligations prévues par les conventions relatives à la procédure amiable sont pleinement exécutées et que les différends donnant lieu à une procédure amiable sont résolus en temps opportun.

1.1. Les pays devraient insérer les paragraphes 1 à 3 de l'article 25 dans leurs conventions fiscales, tels qu'ils sont interprétés dans les Commentaires et en tenant compte des modifications de ces paragraphes permises en vertu des éléments 3.1 et 3.3 de la norme* a minima*; ils doivent ouvrir l'accès à la procédure amiable aux cas portant sur les prix de transfert et mettre en œuvre les accords amiables qui en résultent (par exemple en procédant aux ajustements appropriés de l'impôt déterminé).

10. Les paragraphes 1 à 3 de l'article 25 prévoient un mécanisme, indépendant des recours juridiques habituels disponibles en droit interne, permettant aux autorités compétentes des États contractants de régler d'un commun accord les différends ou les difficultés liés à l'interprétation ou à l'application de la Convention. Ce mécanisme – la procédure amiable – est d'une importance fondamentale pour appliquer et interpréter correctement la Convention, notamment pour s'assurer que les contribuables ayant droit aux avantages de la Convention ne sont pas soumis à une imposition, par l'un ou l'autre des États contractants, non conforme aux dispositions de la Convention. Les pays devraient insérer les paragraphes 1 à 3 de l'article 25 dans l'ensemble de leurs conventions fiscales, tels qu'ils sont interprétés dans les Commentaires (en particulier dans le paragraphe 55 des Commentaires sur l'article 25, qui fait référence à la situation d'États contractants dont le droit interne s'oppose à ce que la Convention soit complétée sur des points qui ne sont pas traités expressément ou tout au moins de manière implicite dans la Convention), en tenant compte des modifications de ces paragraphes permises en vertu des éléments 3.1 et 3.3 de la norme *a minima*.

11. En règle générale, la double imposition économique qui peut résulter de l'inclusion des bénéfices des entreprises associées en vertu du paragraphe 1 de l'article 9 (Entreprises associées) n'est pas conforme à l'objet et au but de la Convention qui vise à éliminer la double imposition. En particulier, le fait de ne pas ouvrir l'accès à la procédure amiable suite à des ajustements de prix de transfert effectués par un autre pays signataire d'une convention, dans le cas où une double imposition économique est susceptible de résulter de tels ajustements, ira probablement à l'encontre d'un objectif essentiel des conventions fiscales. Les pays devraient donc ouvrir l'accès à la procédure amiable aux cas portant sur les prix de transfert. Lorsque, en particulier, des dispositions conventionnelles telles que le paragraphe 2 de l'article 9 ou, en l'absence de ce paragraphe, des dispositions du droit interne, permettent aux États contractants de procéder à un ajustement corrélatif et que les autorités compétentes des États contractants doivent se concerter pour déterminer le montant approprié de cet ajustement corrélatif de manière à éliminer la double imposition, les pays devraient ouvrir l'accès à la procédure amiable. Les pays devraient aussi appliquer tout accord intervenu dans de tels cas ou dans tout cas de procédure amiable.

12. Il est prévu d'apporter des modifications aux Commentaires sur l'article 25 du Modèle de Convention fiscale de l'OCDE lors de la prochaine mise à jour du Modèle de manière à clarifier l'obligation conventionnelle selon laquelle les États doivent s'efforcer de parvenir à un accord amiable sur les cas d'imposition non conformes à la Convention.

1.2. Les pays devraient ouvrir la procédure amiable aux cas dans lesquels le contribuable et les autorités fiscales qui effectuent l'ajustement sont en désaccord sur la question de savoir si les conditions d'application d'une disposition anti-abus d'une convention sont remplies ou si l'application d'une disposition anti-abus du droit national est en conflit avec les dispositions d'une convention.

13. Comme indiqué au paragraphe 26 des Commentaires sur l'article 25, en l'absence de disposition spécifique, aucune règle générale ne rend la procédure amiable non applicable à des situations perçues comme étant abusives. Les paragraphes 9.1 à 9.5 des Commentaires sur l'article 1 sont par ailleurs pertinents lorsqu'il s'agit de déterminer s'il existe une obligation d'ouvrir la procédure amiable aux cas d'utilisation abusive; le paragraphe 9.5 dispose, en particulier, que les avantages de la convention peuvent être refusés en vertu d'une disposition anti-abus dans les cas où l'obtention d'un traitement fiscal plus favorable prévu par la convention applicable serait contraire à l'objet et au but des dispositions de cette convention. Le principe directeur énoncé au paragraphe 9.5 sera intégré dans les conventions fiscales par l'intermédiaire de la règle générale anti-abus fondée sur les objets principaux des transactions ou des montages (règle du critère des objets principaux ou « COP »), élaborée dans le cadre des travaux sur l'action 6 du Plan BEPS. En vertu de cette règle, les avantages d'une convention fiscale ne sont pas accordés dès lors que l'un des objets principaux des montages ou des transactions est de bénéficier d'un avantage en vertu d'une convention fiscale et que l'octroi de cet avantage dans de telles circonstances serait contraire à l'objet et au but des dispositions pertinentes de la convention fiscale. L'interprétation et/ou l'application de cette règle entre clairement dans le champ d'application de la procédure amiable.

14. À cet égard, il doit être souligné que l'obligation d'ouvrir la procédure amiable en vertu du paragraphe 1 de l'article 25 est différente de l'obligation de s'efforcer de régler le différend par cette procédure, prévue par le paragraphe 2 de l'article 25, et de toute obligation relative à l'ouverture d'une procédure d'arbitrage découlant, le cas échéant, d'une clause d'arbitrage contenue dans la convention applicable. Les dispositions du paragraphe 1

confèrent au contribuable concerné le droit de soumettre un cas à l'autorité compétente dès lors qu'il considère qu'il existe ou qu'il existera une imposition non conforme aux dispositions de la Convention. Pour être recevable, une demande soumise en vertu du paragraphe 1 doit être présentée dans les trois ans suivant la première notification de la mesure qui entraîne une imposition non conforme à la Convention. Lorsqu'une demande remplissant les conditions du paragraphe 1 a été acceptée, l'autorité compétente saisie doit établir si la réclamation du contribuable lui paraît fondée. Dans l'affirmative, cette autorité compétente peut unilatéralement y apporter une solution satisfaisante, par exemple, dès lors qu'un impôt contraire aux dispositions de la Convention est exigible en tout ou partie au titre d'une mesure prise par l'État auquel le contribuable a soumis sa demande au titre de la procédure amiable. La deuxième étape de la procédure amiable, qui est de nature bilatérale, n'est enclenchée que si la demande remplit les deux conditions énoncées au paragraphe 2 de l'article 25 : *(i)* l'autorité compétente saisie du différend considère que la réclamation du contribuable paraît fondée et *(ii)* cette autorité compétente n'est pas elle-même en mesure d'y apporter une solution satisfaisante. Enfin, une procédure d'arbitrage est ouverte uniquement si la convention applicable prévoit une telle possibilité dans le cas où les deux autorités compétentes ne parviennent pas à régler le différend dans le cadre de la procédure bilatérale prévue au paragraphe 2 de l'article 25.

15. Concernant la question de l'accès à la procédure amiable pour un cas particulier, en cas de désaccord entre le contribuable et l'autorité compétente saisie de la procédure amiable sur la question de savoir si les conditions d'application d'une règle anti-abus de la convention (par exemple une règle prévue par la convention comme la règle du critère des objets principaux) sont remplies, ou sur la question de savoir si l'application d'une règle anti-abus de droit interne est en conflit avec les dispositions d'une convention, les contribuables devraient avoir accès à la procédure amiable dès lors qu'ils remplissent les conditions du paragraphe 1 de l'article 25. Si un pays souhaite restreindre ou refuser le droit à la procédure amiable dans tout ou partie de ces cas, il doit expressément convenir de ces restrictions avec les autres pays avec lesquels il conclut des conventions et ces restrictions doivent inclure l'obligation d'informer les autorités compétentes de ces pays des cas concernés et des faits et circonstances de ceux-ci.

16. L'engagement prévu au titre de l'élément 1.2 de la norme *a minima* concerne uniquement les possibilités d'accès à la procédure amiable et cet engagement diffère, comme indiqué au paragraphe 14, de l'obligation de s'efforcer de régler le différend conformément au paragraphe 2 de l'article 25 et de toute obligation relative à l'ouverture d'une procédure d'arbitrage découlant, le cas échéant, d'une clause d'arbitrage, que cet arbitrage soit obligatoire ou non, contenue dans la convention applicable. Cet engagement ne saurait donc être interprété comme incluant de manière implicite un engagement à respecter ces deux autres obligations. En outre, les États dont les pratiques actuelles ne seraient pas conformes à cette composante de la norme *a minima* conviennent de s'engager à respecter cette composante à l'égard des nouveaux cas de procédure amiable qui leur seront présentés.

17. Il est prévu d'apporter des modifications aux Commentaires sur l'article 25 du Modèle de Convention fiscale de l'OCDE lors de la prochaine mise à jour du Modèle de manière à clarifier les circonstances dans lesquelles un État contractant peut refuser l'ouverture d'une procédure amiable.

1.3. Les pays devraient s'engager à régler les différends soumis à la procédure amiable en temps opportun : les pays s'engagent sur l'objectif de régler les différends soumis à la procédure amiable dans un délai moyen de 24 mois. Les progrès accomplis par les pays vers le respect de cet objectif feront l'objet d'un suivi périodique, au moyen des statistiques établies conformément au cadre de suivi convenu à cet effet et visé par l'élément 1.5.

18. Bien que le délai nécessaire pour régler un différend soumis à la procédure amiable varie en fonction de la complexité de celui-ci, la plupart des autorités compétentes s'efforcent de régler les différends en concluant un accord bilatéral dans un délai de 24 mois. Les pays devraient donc s'engager sur un objectif de règlement des différends soumis à la procédure amiable dans un délai moyen de 24 mois. Les progrès accomplis par les pays vers le respect de cet objectif feront l'objet d'un suivi périodique, au moyen des statistiques établies conformément au cadre de suivi convenu à cet effet et visé ci-après par l'élément 1.5. Ce cadre de suivi précisera des jalons convenus concernant les délais d'ouverture et de conclusion/clôture d'un différend soumis à la procédure amiable et d'autres étapes importantes de cette procédure. Les travaux d'élaboration du cadre de suivi examineront également s'il est possible de convenir d'objectifs de délais pour chacune des étapes de la procédure amiable.

1.4. Les pays devraient renforcer les relations entre leurs autorités compétentes et coopérer pour renforcer l'efficacité de la procédure amiable en devenant membres du Forum sur la procédure amiable au sein du Forum sur l'administration fiscale (Forum PA-FAF).

19. Le Forum sur l'administration fiscale (FAF) est un organe subsidiaire du Comité des affaires fiscales de l'OCDE qui rassemble des représentants issus de 46 pays[1] pour élaborer, sur un pied d'égalité, une réponse globale aux questions d'administration fiscale dans un esprit de collaboration. Le Forum sur la procédure amiable a été créé au sein du Forum sur l'administration fiscale (Forum PA-FAF) par les autorités compétentes des pays participants au FAF pour examiner les difficultés générales touchant les programmes de procédure amiable de tous les participants. Il a mis en place un plan stratégique multilatéral[2] visant à améliorer collectivement l'efficacité de la procédure amiable afin que celle-ci réponde aux besoins des gouvernements comme à ceux des contribuables et exerce son rôle essentiel dans l'environnement fiscal international. Compte tenu des objectifs du Forum PA-FAF et, en particulier, de ses fonctions de suivi de la mise en œuvre de la norme *a minima* décrites dans le présent rapport (voir l'élément 1.6 ci-dessous), les pays devraient rejoindre le Forum PA-FAF et prendre une part active à ses travaux.

1.5. Les pays devraient communiquer en temps opportun des statistiques complètes sur la procédure amiable selon le cadre qui aura été mis au point en coordination avec le Forum PA-FAF.

20. Depuis 2006, l'OCDE a collecté et publié des statistiques en matière de procédure amiable provenant des pays membres de l'OCDE et des économies non-membres qui ont convenu de fournir ces statistiques. Ces statistiques apportent de la transparence sur le programme de procédure amiable de chaque pays et offrent une vision complète de la situation générale de la procédure amiable dans les différents pays qui communiquent ces données.

Dans le contexte des travaux relatifs à l'action 14, les statistiques sur la procédure amiable devraient permettre d'évaluer concrètement les effets de la mise en œuvre de la norme *a minima* présentée dans ce rapport et seront une composante importante du mécanisme de suivi décrit à la section I.C de ce rapport. Les pays devraient donc communiquer leurs statistiques sur la procédure amiable, de manière complète et en temps opportun, conformément au cadre qui sera défini en coordination avec le Forum PA-FAF. Comme mentionné plus haut, ce cadre de suivi contiendra des jalons convenus concernant les délais d'ouverture et de conclusion/clôture d'un différend soumis à la procédure amiable et d'autres étapes importantes de cette procédure.

1.6. Les pays devraient prendre l'engagement que leur respect de la norme a minima fera l'objet d'un examen par les pairs dans le contexte du Forum PA-FAF.

21. Comme prévu ci-dessus dans l'élément 1.4 de la norme *a minima*, les pays devraient rejoindre le Forum PA-FAF et prendre une part active à ses travaux. Les pays devraient en outre s'engager à ce que leur respect de la norme *a minima* fasse l'objet d'un examen par les pairs (c'est-à-dire par les autres membres du Forum PA-FAF) selon le mécanisme de suivi qui sera défini en coordination avec le Forum PA-FAF. Un cadre décrivant les caractéristiques générales du mécanisme de suivi est présenté dans la section I.C de ce rapport. Ces fonctions de suivi sont essentielles pour assurer la mise en œuvre efficace de la norme *a minima* décrite dans la section I.A de ce rapport.

1.7. Les pays devraient faire preuve de transparence sur leur position en matière du mécanisme d'arbitrage applicable à la procédure amiable.

22. Depuis son introduction au paragraphe 5 de l'article 25 du Modèle de Convention fiscale de l'OCDE en 2008, le mécanisme d'arbitrage obligatoire et contraignant a été inclus dans un certain nombre de conventions bilatérales. La note de bas de page du paragraphe 5 précise que la législation nationale ou des considérations de politique ou d'administration fiscale peuvent ne pas permettre ou ne pas justifier ce type de résolution des différends et que les pays ne doivent insérer cette disposition dans la Convention que s'ils considèrent cet ajout approprié compte tenu des facteurs indiqués au paragraphe 65 des Commentaires sur l'article 25. Selon cette note de bas de page et le paragraphe 65 des Commentaires sur l'article 25, il n'est pas nécessaire que les pays formulent des réserves (s'agissant des pays membres de l'OCDE[3]) ou indiquent leur position (s'agissant des pays non membres de l'OCDE[4]) sur cette disposition. Cependant, il en résulte un manque de transparence sur la position des pays concernant le mécanisme d'arbitrage applicable à la procédure amiable.

23. Afin d'apporter une plus grande transparence sur la position des pays concernant le mécanisme d'arbitrage, la note de bas de page du paragraphe 5 de l'article 25 sera supprimée et le paragraphe 65 des Commentaires sur l'article 25 sera modifié de manière appropriée lors de la prochaine mise à jour du Modèle de Convention fiscale de l'OCDE. Il conviendra d'apporter simultanément aux Commentaires sur l'article 25 les modifications nécessaires en conséquence. Ces modifications des Commentaires sur l'article 25 intègreront notamment des dispositions alternatives appropriées pour les pays qui préfèrent limiter le champ d'application de l'arbitrage à des catégories spécifiques de cas faisant l'objet d'une procédure amiable.

2. *Les pays devraient s'assurer que les processus administratifs favorisent la prévention et le règlement en temps opportun des différends relatifs aux conventions*

24. Il est important de s'appuyer sur un ensemble approprié de pratiques et de processus administratifs pour garantir un environnement permettant aux autorités compétentes d'exercer pleinement et avec efficacité leur mission qui consiste à analyser objectivement les dispositions des conventions et à les appliquer de manière loyale et cohérente aux faits et circonstances du cas précis de chaque contribuable. Les éléments de la norme *a minima* mentionnés à la section I.A.2 sont destinés à lever différents obstacles qui peuvent empêcher la prévention et le règlement en temps opportun de différends par la procédure amiable et qui sont liés au fonctionnement interne de l'administration fiscale et de la fonction d'autorité compétente, à la transparence des procédures de recours à la procédure amiable et aux méthodes utilisées par les autorités compétentes de manière à régler les litiges potentiels de manière proactive.

2.1. ***Les pays devraient publier des règles, lignes directrices et procédures sur l'accès à la procédure amiable et son utilisation et prendre les mesures appropriées pour mettre ces informations à la disposition des contribuables. Les pays devraient s'assurer que les instructions relatives à l'application de la procédure amiable sont claires et facilement accessibles par le public.***

25. Les pays devraient élaborer et publier des règles, lignes directrices et procédures relatives à leurs programmes de procédure amiable qui devraient contenir des instructions sur la manière dont les contribuables peuvent soumettre une demande d'assistance aux autorités compétentes. Ces orientations devraient être rédigées dans un langage clair et simple et devraient être facilement accessibles par le public (par exemple consultables en ligne sur les sites internet de l'administration fiscale et/ou du ministère des finances). Étant donné que ces informations peuvent être d'une grande importance dans le cas où un ajustement est susceptible de poser des questions entrant dans le champ d'application d'une convention fiscale (par exemple lorsqu'un ajustement lié à des prix de transfert est effectué à l'égard d'une transaction contrôlée conclue avec une entreprise associée dans un État partie à la convention), les pays devraient prendre les mesures appropriées pour rendre accessibles aux contribuables les instructions qu'ils publient concernant leur programme de procédure amiable.

2.2. ***Les pays devraient publier leur profil sur la procédure amiable sur une plateforme d'information commune destinée au public (selon un modèle à définir en coordination avec le Forum PA-FAF).***

26. Afin de favoriser la transparence et la diffusion des instructions publiées concernant les programmes de procédure amiable, les pays devraient publier leur profil sur la procédure amiable sur une plateforme commune d'information publique (par exemple sur un site internet créé à cette fin). À cet effet, le « profil du pays sur la procédure amiable » s'entend comme un document fournissant les renseignements nécessaires pour contacter les autorités compétentes, ainsi que les liens pour consulter les lignes directrices nationales sur la procédure amiable et toute autre information utile sur la procédure amiable dans ce pays. Un modèle de profil du pays sur la procédure amiable sera défini en coordination avec le Forum PA-FAF. L'élaboration de ce modèle prendra en compte le besoin de transparence sur les positions des pays à l'égard des bonnes pratiques décrites dans le présent rapport.

2.3. ***Les pays devraient s'assurer que les personnels en charge des procédures amiables disposent du pouvoir de régler les différends soumis à la procédure amiable conformément aux dispositions de la convention fiscale applicable, en particulier sans avoir besoin de l'accord ou des instructions du personnel de l'administration fiscale qui a effectué les ajustements fiscaux concernés et sans être influencés par des considérations liées à la politique fiscale que le pays concerné souhaiterait mettre en œuvre par des modifications futures à la convention.***

27. Les instructions et les procédures internes mises en place par les pays dans le cadre de leurs programmes de procédure amiable devraient indiquer clairement que leur personnel en charge de ces procédures a le pouvoir de régler les différends soumis à la procédure amiable conformément aux dispositions de la convention fiscale considérée, en se fondant sur une application objective et cohérente des dispositions de cette convention aux faits et circonstances du cas du contribuable, dans le but d'éliminer l'imposition non conforme à la convention. Ces instructions et procédures internes devraient, en particulier, prévoir que l'autorité compétente n'a pas besoin de demander l'accord ou les instructions du personnel de l'administration fiscale qui a effectué les ajustements concernés pour régler un différend soumis à la procédure amiable et que l'autorité compétente chargée d'appliquer la procédure amiable ne doit pas se laisser influencer par des considérations liées à la politique fiscale que le pays concerné souhaite voir adopter et incorporer dans des modifications futures à la convention (ou plus généralement par la position que le pays veut privilégier dans la négociation de toutes ses futures conventions). L'engagement de s'assurer que le personnel en charge des litiges soumis à la procédure amiable dispose du pouvoir de résoudre ces litiges conformément à l'élément 2.3 de la norme *a minima* s'entend comme incluant l'engagement de veiller à la mise en œuvre en temps opportun des accords conclus par les autorités compétentes dans le cadre de la procédure amiable.

2.4. ***Les pays ne devraient pas évaluer les fonctions de leur autorité compétente et leur personnel en charge des procédures amiables au moyen d'indicateurs de performance liés au montant des rectifications d'imposition qui ont été confirmées ou des recettes fiscales qui ont été maintenues.***

28. Les procédures internes des pays concernant le fonctionnement de leurs programmes de procédure amiable devraient indiquer clairement que la performance des fonctions de leur autorité compétente et des agents en charge des procédures amiables ne sera pas évaluée au moyen de critères tels que le montant des rectifications d'imposition qui ont été confirmées ou des recettes fiscales qui ont été maintenues. Ces procédures internes devraient prévoir, à l'inverse, que l'évaluation des fonctions de leur autorité compétente et des agents en charge des procédures amiables se fera sur la base d'indicateurs de performance appropriés, tels que, par exemple :

- le nombre de cas soumis à la procédure amiable qui ont été réglés ;
- la cohérence (c'est-à-dire, une convention doit être appliquée dans le respect des principes et de manière cohérente aux cas soumis à la procédure amiable qui présentent les mêmes faits et des contribuables se trouvant dans une situation similaire) ; et
- le délai de règlement d'un cas soumis à la procédure amiable (en reconnaissant que la complexité du cas et d'autres facteurs échappant au contrôle de l'autorité compétente peuvent avoir un impact important sur ce délai).

2.5. *Les pays devraient s'assurer que des moyens appropriés sont fournis à la fonction en charge de la procédure amiable.*

29. Les pays devraient s'assurer que des moyens adéquats – incluant le personnel, le financement, la formation et les autres besoins du programme – sont mis à la disposition de la fonction en charge de la procédure amiable, afin de permettre aux autorités compétentes d'exercer leur mission de règlement des cas d'imposition non conforme aux dispositions de la Convention en temps opportun et d'une manière efficace.

2.6. *Les pays devraient préciser dans leurs instructions sur la procédure amiable que la conclusion de transactions entre les autorités fiscales et les contribuables n'exclut pas l'ouverture d'une procédure amiable. Si les pays disposent d'un processus administratif ou législatif de règlement des différends indépendant des fonctions de contrôle fiscal, qui ne peut être enclenché que sur requête d'un contribuable, ils peuvent limiter l'accès à la procédure amiable pour en écarter les questions réglées par ce processus. Les pays devraient notifier à leurs partenaires à une convention l'existence de tels processus administratifs ou législatifs et mentionner expressément les effets de ces processus sur la procédure amiable dans les instructions publiées à l'intention du public au sujet de ces processus et au sujet de leur programme de procédure amiable.*

30. Les instructions relatives au programme de procédure amiable rédigées par les pays à l'attention du public devraient préciser clairement que les transactions conclues entre les autorités fiscales et les contribuables n'écartent pas l'ouverture d'une procédure amiable[5]. Dans un tel cas de figure, après l'ouverture d'une procédure amiable, l'autorité compétente devrait évaluer en toute indépendance si la transaction entraîne pour le contribuable une imposition non conforme aux dispositions de la convention, ce qui souligne le rôle essentiel de l'autorité compétente dans l'application et l'interprétation correctes des conventions fiscales conclues par le pays. Même si elle considère que la réclamation du contribuable n'est pas justifiée, l'autorité compétente devrait porter ce cas à la connaissance de l'autorité compétente de l'autre État signataire de la convention. Il convient de souligner que la question de l'accès à la procédure amiable dans le cas où le contribuable a conclu une transaction avec les autorités fiscales est différente de la question de l'accès au mécanisme d'arbitrage (lorsque la convention applicable contient une clause d'arbitrage). En effet, le mécanisme d'arbitrage n'est enclenché que pour des cas qui ont eu accès à la procédure amiable et qui répondent aux conditions du paragraphe 2 de l'article 25 (c'est-à-dire, lorsque l'autorité compétente saisie du cas considère que la réclamation du contribuable est justifiée) ainsi qu'à celles de la clause d'arbitrage applicable.

31. Cependant, si un pays a mis en place un processus administratif ou législatif de règlement des différends indépendant des fonctions de contrôle fiscal et qui ne peut être enclenché que sur requête d'un contribuable, ce pays peut limiter l'accès à la procédure amiable pour en écarter les questions réglées par ce processus administratif ou législatif. Ceci comprend, par exemple, un processus de règlement qui prévoit clairement une demande volontaire soumise par le contribuable pour un règlement final du contrôle fiscal et qui assure clairement que cette demande est soumise à, et décidée par, un organe composé de personnes qui n'ont été ni directement ni indirectement impliquées dans le contrôle lui-même et qui ont le pouvoir de décider de façon indépendante sur le règlement d'une manière qui assure que le règlement est en conformité avec la législation applicable, y compris toute

convention fiscale applicable. Les pays devraient, dans tous les cas, aviser leurs partenaires à une convention de l'existence de tels processus. Les pays devraient, en outre, mentionner expressément les effets de ces processus sur la procédure amiable dans les instructions publiées à l'intention du public au sujet de ces processus et au sujet de leur programme de procédure amiable afin que les contribuables qui recourent à ces processus soient pleinement informés des conséquences de leur choix quant à l'accès à la procédure amiable.

32. Il est prévu d'apporter des modifications aux Commentaires sur l'article 25 du Modèle de Convention fiscale de l'OCDE lors de la prochaine mise à jour du Modèle de manière à résoudre la question de l'accès à la procédure amiable pour les cas ayant donné lieu à la conclusion d'une transaction. Ces modifications viseraient notamment les considérations générales qui justifient l'accès à la procédure amiable dans ces cas et, en particulier, la double imposition pouvant résulter de la situation où le contribuable est tenu de renoncer à son droit de soumettre des questions concernant l'interprétation et l'application d'une convention à un règlement bilatéral selon la procédure amiable.

2.7. Les pays ayant des programmes bilatéraux d'accords préalables en matière de prix de transfert devraient s'engager à accorder une extension de ces accords préalables aux exercices fiscaux antérieurs dans les cas appropriés, sous réserve du respect des délais applicables (comme des règles de prescription en matière de rectification), dès lors que les faits et circonstances des exercices fiscaux antérieurs sont identiques et sous réserve de la vérification de ces faits et circonstances lors du contrôle.

33. Lorsqu'un pays a mis en œuvre un programme bilatéral d'accords préalables en matière de prix de transfert (voir la bonne pratique n° 4 ci-dessous), des situations peuvent apparaître dans lesquelles des questions ayant fait l'objet d'un accord préalable en matière de prix de transfert ont une incidence sur des exercices fiscaux antérieurs exclus du champ d'application initial de l'accord. L'extension de cet accord préalable à ces exercices antérieurs peut s'avérer utile pour éviter, ou pour régler, de possibles différends en matière de prix de transfert. Les pays ayant conclu des programmes bilatéraux d'accords préalables en matière de prix de transfert devraient donc prévoir une extension de ces accords aux exercices antérieurs dans les cas appropriés, dès lors que les faits et circonstances des exercices fiscaux antérieurs sont identiques et sous réserve de la vérification de ces faits et circonstances lors du contrôle. L'extension aux exercices fiscaux antérieurs d'un accord préalable en matière de prix de transfert demeurera soumis aux délais applicables prévus soit par l'article 25, dans le cas où une demande de procédure amiable a été ou sera formulée au titre des exercices fiscaux antérieurs, ou par le droit national applicable (comme les règles de prescription en matière fiscale) dans le cas où aucune demande de procédure amiable n'a été ou ne sera formulée au titre de ces exercices antérieurs. Les ajustements à la baisse ne devraient être effectués qu'après notification ou consultation de l'autre autorité compétente, de manière à éviter qu'ils n'entraînent une absence d'imposition sur tout ou partie des bénéfices rectifiés.

3. Les pays devraient s'assurer que les contribuables qui remplissent les conditions du paragraphe 1 de l'article 25 ont accès à la procédure amiable

34. Parmi les principaux obstacles au règlement des différends relatifs aux conventions par la procédure amiable figurent les questions relatives à l'étendue de l'obligation prévue par la convention d'offrir l'accès à la procédure amiable. Ces questions vont vraisemblablement

gagner en importance avec la mise en œuvre des mesures issues du projet BEPS au fur et à mesure que des règles plus strictes seront mises en place et que les administrations fiscales amélioreront leur expérience pratique et partageront leurs interprétations des nouvelles règles en matière de conventions fiscales et de prix de transfert. Les éléments de la norme *a minima* mentionnés à la section I.A.3 sont destinés à assurer que les contribuables qui remplissent les conditions énoncées au paragraphe 1 de l'article 25 ont accès à la procédure amiable.

3.1. Les deux autorités compétentes devraient être informées des demandes de procédure amiable qui ont été présentées et devraient être en mesure de faire connaître leur position sur l'acceptation ou le rejet de chaque demande. À cet effet, les pays devraient :

- ***soit modifier le paragraphe 1 de l'article 25 afin que la demande de procédure amiable puisse être formulée auprès de l'autorité compétente de l'un ou l'autre des États contractants,***
- ***soit, si une convention ne permet pas qu'une demande de procédure amiable puisse être formulée auprès de l'un ou l'autre des États contractants, mettre en place un processus de notification ou de consultation bilatérale pour les cas où l'autorité compétente saisie d'une demande de procédure amiable considère que l'objection du contribuable n'est pas fondée (cette consultation ne pouvant pas être interprétée comme une consultation sur la façon de résoudre le cas).***

35. Les autorités compétentes des deux États contractants devraient être informées des demandes de procédure amiable présentées en vertu du paragraphe 1 de l'article 25 et avoir l'opportunité de faire connaître leur position sur l'acceptation ou le rejet d'une demande de procédure amiable et sur la question de savoir si la réclamation du contribuable paraît fondée. À cet effet, les pays devraient appliquer l'une des deux solutions suivantes : *(i)* modifier le paragraphe 1 de l'article 25 afin que la demande de procédure amiable puisse être formulée auprès de l'autorité compétente de l'un ou l'autre des États contractants ; ou, *(ii)* mettre en œuvre un processus bilatéral de notification ou de consultation pour les cas où l'autorité compétente saisie considère que la réclamation du contribuable n'est pas fondée (en précisant que cette notification ou consultation ne doit pas être interprétée comme une consultation sur la façon de résoudre le cas).

36. Ces conclusions seront incorporées dans les modifications suivantes qui seront apportées au paragraphe 1 de l'article 25 et aux Commentaires qui s'y rapportent :

Remplacer le paragraphe 1 de l'article 25 par ce qui suit :

> 1. Lorsqu'une personne estime que les mesures prises par un État contractant ou par les deux États contractants entraînent ou entraîneront pour elle une imposition non conforme aux dispositions de la présente Convention, elle peut, indépendamment des recours prévus par le droit interne de ces États, soumettre son cas à l'autorité compétente de ***l'un ou l'autre État contractant.*** ~~l'État contractant dont elle est un résident ou, si son cas relève du paragraphe 1 de l'article 24, à l'autorité compétente de l'État contractant dont elle possède la nationalité.~~ Le cas doit être soumis dans les trois ans qui suivent la première notification de la mesure qui entraîne une imposition non conforme aux dispositions de la Convention.

Remplacer le paragraphe 7 des Commentaires sur l'article 25 par ce qui suit :

7. Les règles énoncées aux paragraphes 1 et 2 prévoient l'élimination dans des cas particuliers des impositions qui ne seraient pas conformes à la Convention. On sait qu'en pareil cas, la possibilité de former un recours contentieux devant le juge de l'impôt, soit directement, soit à la suite du rejet de leur réclamation par l'administration fiscale, est normalement ouverte aux contribuables. Lorsque l'imposition non conforme à la Convention résulte d'une application incorrecte de la Convention dans les deux États, les contribuables doivent alors la contester dans chaque État, avec tous les inconvénients et incertitudes que comporte une telle situation. Ainsi, le paragraphe 1 met-il à la disposition des contribuables intéressés, sans pour autant les priver du droit d'exercer les recours contentieux ordinaires, une procédure dite amiable, parce qu'elle tend dans sa seconde phase au règlement du litige à l'amiable, par entente entre autorités compétentes, la première phase se situant uniquement ***dans l'un des États contractants*** ~~dans l'État de résidence (sauf dans le cas où la procédure visant à l'application du paragraphe 1 de l'article 24 est engagée par le contribuable dans l'État dont il possède la nationalité)~~ depuis la présentation de la réclamation jusqu'à la décision prise par l'autorité compétente à son sujet.

Remplacer les paragraphes 16 à 19 des Commentaires sur l'article 25 par ce qui suit :

16. Pour être recevables, les réclamations formées en vertu du paragraphe 1 doivent satisfaire d'abord à une double exigence expressément formulée dans ce paragraphe : elles doivent, en effet, être présentées~~, en principe,~~ à l'autorité compétente de ***l'un ou l'autre État contractant*** ~~l'État de résidence du contribuable (sauf dans le cas où la procédure visant à l'application du paragraphe 1 de l'article 24 est engagée par le contribuable dans l'État dont il possède la nationalité)~~, et ce, dans les trois ans qui suivent la première notification de la mesure qui entraîne une imposition non conforme à la Convention. La Convention ne prévoit aucune règle particulière quant à la forme de ces réclamations. Les autorités compétentes peuvent prescrire les procédures particulières qu'elles jugent appropriées. Si aucune procédure particulière n'a été prescrite, les réclamations peuvent être présentées de la même façon que les réclamations en matière fiscale devant l'administration fiscale de l'État concerné.

17. ~~L'obligation pour le~~***L'option proposée au*** contribuable de s'adresser à l'autorité compétente de ***l'un ou l'autre État contractant vise à renforcer le principe général selon lequel l'accès à la procédure amiable doit être aussi large que possible et à apporter de la souplesse. Cette option vise également à s'assurer que la décision sur la question de savoir si un cas doit passer à la deuxième phase de la procédure amiable (c'est-à-dire faire l'objet de discussions entre les autorités compétentes des deux États contractants) puisse être examinée par les deux autorités compétentes. En vertu du paragraphe 1, une personne peut soumettre son cas à l'autorité compétente de l'un ou l'autre État contractant; cela n'empêche pas cette personne de soumettre son cas aux autorités compétentes des deux États contractants simultanément (voir le paragraphe 75 ci-après). La personne qui soumet son cas aux autorités compétentes des deux États contractants doit en aviser ces deux autorités afin de permettre un traitement coordonné du cas.*** ~~l'État dont il est un résident (sauf dans le cas où la procédure est engagée par le contribuable dans l'État dont il possède la nationalité pour l'application du paragraphe 1 de l'article 24) est de portée générale sans qu'il y ait à distinguer selon que l'imposition contestée a été établie dans cet État ou au contraire dans l'autre État et qu'elle a entraîné ou non une double imposition. Si, postérieurement à la mesure ou à l'imposition contestée, ce contribuable a transféré sa~~

~~résidence dans l'autre État contractant, il n'en doit pas moins adresser sa réclamation à l'autorité compétente de l'État dont il était résident durant l'année au titre de laquelle l'imposition en cause a été ou doit être établie.~~

~~18. Toutefois, dans le cas, déjà évoqué, où une personne ressortissante d'un État mais qui est un résident de l'autre État, se plaindrait d'avoir fait l'objet, dans ce dernier État, d'une mesure ou d'une imposition ayant un caractère discriminatoire au regard du paragraphe 1 de l'article 24, il paraît plus indiqué pour des raisons évidentes d'admettre, par exception à la règle générale énoncée ci-dessus, qu'elle présente sa réclamation à l'autorité compétente de l'État contractant dont elle possède la nationalité. Enfin, c'est à la même autorité compétente que doit être adressée la réclamation d'une personne qui, sans être un résident d'un État contractant, possède la nationalité d'un État contractant, et dont le cas relève du paragraphe 1 de l'article 24.~~

19. Par ailleurs, les États contractants peuvent ***considérer***~~, s'ils l'estiment préférable, accorder aux~~ ***que les*** contribuables ***ne devraient pas avoir*** la faculté d'adresser leurs réclamations à leur choix à l'autorité compétente de l'un ou l'autre État***, mais devrait, en premier lieu, être tenus de soumettre leur cas à l'autorité compétente de l'État dont ils sont résidents. Toutefois, lorsqu'une personne qui possède la nationalité d'un État mais qui est un résident de l'autre État estime avoir fait l'objet, dans ce dernier État, d'une imposition (ou d'une obligation y relative) ayant un caractère discriminatoire au regard du paragraphe 1 de l'article 24, il paraît plus indiqué pour des raisons évidentes d'admettre, par exception à la règle qui impose au contribuable de former sa réclamation auprès de l'autorité compétente de son État de résidence, qu'elle soumette sa réclamation à l'autorité compétente de l'État contractant dont elle possède la nationalité. De la même façon, il apparaît plus indiqué que ce soit*** ~~. Enfin, c'est~~ à la même autorité compétente que ~~doit être~~ ***soit*** adressée la réclamation d'une personne qui, sans être un résident d'un État contractant, en possède la nationalité, et dont le cas relève du paragraphe 1 de l'article 24. ~~En ce cas~~***Afin de concilier cette autre règle et l'exception pour les cas relevant du paragraphe 1 de l'article 24***, le paragraphe 1 de l'article 25 devrait être modifié comme suit :

> 1. Lorsqu'une personne estime que les mesures prises par un État contractant ou par les deux États contractants entraînent ou entraîneront pour elle une imposition non conforme aux dispositions de la présente Convention, elle peut, indépendamment des recours prévus par le droit interne de ces États, soumettre son cas à l'autorité compétente de l'~~un ou l'autre~~ État contractant ***dont elle est un résident ou, si son cas relève du paragraphe 1 de l'article 24, à celle de l'État contractant dont elle possède la nationalité.*** Le cas doit être soumis dans les trois ans qui suivent la première notification de l'acte qui entraîne une imposition non conforme aux dispositions de la Convention.

Les États contractants qui préfèrent cette autre règle doivent prendre des mesures appropriées pour garantir un large accès à la procédure amiable et pour s'assurer que la décision sur le passage du cas à la deuxième phase de la procédure amiable est examinée de manière appropriée par les deux autorités compétentes.

19. Il convient de noter que, si le contribuable devient un résident de l'autre État contractant consécutivement à l'imposition qu'il estime non conforme à la Convention, il doit, en vertu de l'autre règle prévue au paragraphe 18 ci-dessus, soumettre néanmoins sa réclamation à l'autorité compétente de l'État dont il était un résident pendant la période au titre de laquelle cette imposition a été ou doit être appliquée.

Remplacer les paragraphes 31 à 35 des Commentaires sur l'article 25 par le texte suivant :

31. Dans sa première phase ouverte par la réclamation du contribuable, la procédure en question se situe exclusivement au plan des rapports entre celui-ci et l'autorité compétente de l'État ***auquel le cas a été soumis*** ~~de résidence (sauf dans le cas où la procédure est engagée par le contribuable dans l'État dont il possède la nationalité pour l'application du paragraphe 1 de l'article 24)~~. Les dispositions du paragraphe 1 reconnaissent au contribuable intéressé le droit de s'adresser à l'autorité compétente de ***l'un ou l'autre*** État ~~dont il est un résident~~, qu'il ait épuisé ou non les voies de recours qui lui sont ouvertes par le droit interne de chacun des deux États. D'autre part cette autorité compétente a l'obligation de statuer sur le bien-fondé de la réclamation et d'y donner suite selon l'alternative définie au paragraphe 2.

31.1. Afin de décider « si la réclamation … paraît fondée », l'autorité compétente saisie du cas doit effectuer une analyse préliminaire de la réclamation du contribuable en vue de déterminer si l'imposition dans les deux États contractants est conforme aux dispositions de la Convention. Il convient de reconnaître le bien-fondé de la réclamation dès lors qu'il existe, ou qu'il est raisonnable de penser qu'il existera, une imposition non conforme à la Convention dans l'un ou l'autre État contractant.

32. Si l'autorité compétente régulièrement saisie reconnaît le bien-fondé de la réclamation et considère que l'imposition contestée est imputable en totalité ou en partie à une mesure prise dans ***cet*** ~~l'~~État ~~de résidence du contribuable~~, elle doit donner le plus tôt possible satisfaction au requérant en procédant aux ajustements ou dégrèvements qui paraissent justifiés. Dans cette situation, la question peut être résolue sans ***aller au-delà de la première phase (unilatérale) de*** ~~recours à~~ la procédure amiable. En revanche, un échange de vues et de renseignements avec l'autorité compétente de l'autre État contractant peut se révéler utile, par exemple, pour obtenir confirmation d'une certaine interprétation de la Convention.

33. Si, au contraire, cette autorité compétente estime que l'imposition contestée résulte, en totalité ou en partie, d'une mesure prise dans l'autre État, elle a non seulement le devoir mais l'obligation – ainsi qu'il ressort clairement des termes du paragraphe 2 – de déclencher la ***deuxième phase (bilatérale) de la*** procédure amiable ~~proprement dite~~. Il est important que cette autorité ***compétente*** s'acquitte le plus tôt possible de cette obligation, particulièrement dans les cas de redressement des bénéfices d'entreprises associées découlant de la rectification de prix de transfert.

34. Un contribuable a le droit, en vertu du paragraphe 1, de soumettre son cas à l'autorité compétente de l'***un ou l'autre*** État ~~dont il est un résident~~, qu'il ait ou non form***ul***é par ailleurs une ***réclamation*** ~~deamande~~ ou ***engagé*** un recours contentieux selon le droit interne ***d'un État ou des deux États*** ~~de cet État~~. S'il n'a pas été statué sur un recours ***dans l'État où la réclamation est présentée,*** l'autorité compétente de ***cet*** ~~l'~~État ~~***de résidence***~~ ne doit pas attendre la décision judiciaire définitive, mais dire si elle considère que le cas relève de la procédure amiable. Si elle en décide ainsi, elle doit déterminer si elle est elle-même en mesure d'apporter une solution satisfaisante, ou si le cas doit être soumis à l'autorité compétente de l'autre État contractant. Les demandes d'ouverture d'une procédure amiable introduites par le contribuable ne doivent pas être rejetées sans motif valable.

35. S'il a été statué de manière définitive sur son recours par un tribunal dans l'***un ou l'autre*** État ~~de sa résidence~~, un contribuable peut cependant souhaiter soumettre une réclamation pour y donner suite dans le cadre de la procédure amiable. Dans certains États, l'autorité compétente peut apporter une solution satisfaisante différente de la

décision judiciaire. Dans d'autres États, l'autorité compétente est liée par une telle décision. Elle peut néanmoins soumettre le cas à l'autorité compétente de l'autre État contractant et lui demander de prendre des mesures pour éviter la double imposition.

3.2. Les instructions relatives à la procédure amiable publiées par les pays devraient préciser en particulier les informations et documents qu'un contribuable doit joindre à toute demande de procédure amiable. Si le contribuable a fourni les informations demandées, les pays ne devraient pas restreindre l'accès à cette procédure au motif que les informations communiquées sont insuffisantes.

37. L'élément 2.1 de la norme *a minima* prévoit que les pays devraient élaborer et publier des règles, lignes directrices et procédures pour leurs programmes de procédure amiable, qui devraient contenir des instructions sur la manière dont les contribuables doivent soumettre leur demande de procédure amiable aux autorités compétentes. Ces instructions relatives à la procédure amiable publiées par les pays devraient préciser en particulier les informations et documents qu'un contribuable doit joindre à sa demande de procédure amiable. Lorsqu'un contribuable a fourni les informations et documents requis conformément à ces instructions, l'autorité compétente ne peut lui refuser l'ouverture d'une procédure amiable au motif qu'il n'a pas fourni suffisamment d'informations. Le Forum PA-FAF élaborera des instructions sur les informations et documents à joindre à une demande de procédure amiable.

3.3. Les pays devraient insérer dans leurs conventions fiscales la deuxième phrase du paragraphe 2 de l'article 25 (« L'accord est appliqué quels que soient les délais prévus par le droit interne des États contractants »). Les pays qui ne peuvent pas insérer la deuxième phrase du paragraphe 2 de l'article 25 dans leurs conventions fiscales devraient être prêts à adopter d'autres dispositions conventionnelles qui limitent le délai pendant lequel un État contractant peut effectuer un ajustement en application de l'article 9(1) ou de l'article 7(2), afin d'éviter les ajustements tardifs qui ne pourront faire l'objet d'un allègement en vertu de la procédure amiable.

38. La deuxième phrase du paragraphe 2 de l'article 25 prévoit que tout accord amiable conclu par les autorités compétentes en vertu de ce paragraphe « est appliqué quels que soient les délais prévus par le droit interne des États contractants ». Le paragraphe 29 des Commentaires sur l'article 25 reconnaît que cette phrase affirme sans équivoque l'obligation de mettre en œuvre ces accords et relève que les obstacles à cette application qui existent à la date de la conclusion d'une convention fiscale devraient en principe être pris en compte dans les modalités de l'accord lui-même. Les pays devraient donc intégrer la deuxième phrase du paragraphe 2 de l'article 25 dans leurs conventions fiscales pour faire en sorte que les délais prévus dans leur droit interne n'empêchent pas l'application des accords amiables conclus entre les autorités compétentes, ce qui irait à l'encontre de l'objectif consistant à régler les cas d'imposition non conforme à la Convention.

39. Lorsqu'un pays ne peut pas insérer la deuxième phrase du paragraphe 2 de l'article 25 dans ses conventions fiscales (à savoir lorsqu'un pays formule des réserves ou indique une position concernant la deuxième phrase du paragraphe 2 de l'article 25), il devrait être prêt à adopter les autres dispositions conventionnelles décrites ci-après qui limitent le délai pendant lequel un État contractant peut effectuer un ajustement en application

de l'article 9(1) ou de l'article 7(2), afin d'éviter les ajustements tardifs qui ne peuvent faire l'objet d'un allégement en vertu de la procédure amiable. Il est entendu qu'un pays dans cette situation répondrait à cet élément de la norme *a minima* dès lors que ces autres dispositions conventionnelles seraient rédigées en fonction des délais prévus par son droit interne pour pratiquer les ajustements; il est également entendu qu'un pays qui opte pour l'insertion de la deuxième phrase du paragraphe 2 de l'article 25 ne serait pas tenu d'adopter de telles dispositions conventionnelles.

[Dans l'article 7] :

> ***Un État contractant ne doit pas ajuster les bénéfices qui sont attribuables à un établissement stable d'une entreprise de l'un des États contractants après [délai convenu de manière bilatérale] à compter de la fin de l'exercice fiscal au cours duquel les bénéfices auraient été attribuables à l'établissement stable. Les dispositions de ce paragraphe ne s'appliquent pas en cas de fraude, négligence grave ou manquement délibéré.***

[Dans l'article 9] :

> ***3. Un État contractant ne doit pas inclure dans les bénéfices d'une entreprise, et imposer en conséquence, les bénéfices qui auraient été réalisés par l'entreprise mais qui ne l'ont pas été du fait des conditions mentionnées au paragraphe 1, après [délai convenu de manière bilatérale] à compter de la fin de l'exercice fiscal au cours duquel ces bénéfices auraient dû être réalisés par l'entreprise. Les dispositions de ce paragraphe ne s'appliquent pas en cas de fraude, négligence grave ou manquement délibéré.***

40. Les modifications des Commentaires sur l'article 7 et sur l'article 9 proposées ci-après permettront d'appliquer ces dispositions conventionnelles :

Remplacer le paragraphe 62 des Commentaires sur l'article 7 par ce qui suit :

> 62. Comme le paragraphe 2 de l'article 9, le paragraphe 3 ne répond pas à la question de savoir s'il faut fixer un délai à l'expiration duquel un État ne serait plus tenu d'opérer un ajustement approprié des bénéfices attribuables à un établissement stable à la suite d'une révision à la hausse de ces bénéfices dans l'autre État. Certains États considèrent que l'obligation ne devrait pas être limitée dans le temps – en d'autres termes que, même si l'État qui effectue l'ajustement initial remonte plusieurs années en arrière, l'entreprise devrait avoir en toute équité l'assurance qu'un ajustement approprié sera effectué dans l'autre État. D'autres États estiment qu'un engagement illimité de cette sorte ne serait pas raisonnable dans la pratique administrative. Cette question n'a pas été abordée ni dans le texte du paragraphe 2 de l'article 9 ni dans celui du paragraphe 3 mais les États contractants sont libres d'inclure dans leurs conventions bilatérales des dispositions qui limitent dans le temps l'obligation pour un État d'opérer un ajustement approprié (voir sur ce point les paragraphes 39, 40 et 41 des Commentaires sur l'article 25). ***Les États contractants peuvent également souhaiter traiter cette question par une disposition qui limite dans le temps la possibilité d'effectuer un ajustement en vertu du paragraphe 2 de l'article 7; une telle solution évite la double imposition qui pourrait résulter de l'ajustement effectué par le premier État en vertu du paragraphe 2 de l'article 7 si l'autre État ne procède pas à un ajustement en vertu du paragraphe 3 de l'article 7. Les États contractants qui souhaitent parvenir à ce résultat peuvent convenir, de manière bilatérale, d'ajouter le paragraphe suivant après le paragraphe 4 :***
>
> > ***5. Un État contractant ne doit pas ajuster les bénéfices qui sont attribuables à un établissement stable d'une entreprise de l'un des États contractants après [délai convenu de manière bilatérale] à compter de la fin de l'exercice fiscal au***

cours duquel les bénéfices auraient été attribuables à l'établissement stable. Les dispositions de ce paragraphe ne s'appliquent pas en cas de fraude, négligence grave ou manquement délibéré.

Remplacer le paragraphe 10 des Commentaires sur l'article 9 par ce qui suit :

10. Le paragraphe ne répond pas à la question de savoir s'il faut fixer un délai à l'expiration duquel l'État B ne serait plus tenu d'opérer un ajustement approprié des bénéfices de l'entreprise Y à la suite d'un redressement des bénéfices de l'entreprise X dans l'État A. Certains États considèrent que l'obligation de l'État B ne devrait pas être limitée dans le temps, autrement dit, que si loin dans le temps que remonte l'État A pour réviser ses bases d'imposition, l'entreprise Y devrait en toute équité avoir l'assurance qu'un ajustement approprié sera effectué dans l'État B. D'autres États estiment qu'un engagement illimité de cette sorte ne serait pas raisonnable dans la pratique administrative. En conséquence, cette question n'a pas été abordée dans le texte de l'article mais les États contractants sont libres d'inclure, s'ils le souhaitent, dans leurs conventions bilatérales des dispositions qui limitent dans le temps l'obligation de l'État B d'opérer un ajustement approprié (voir à ce sujet les paragraphes 39, 40 et 41 des Commentaires sur l'article 25). ***Les États contractants peuvent également souhaiter régler cette question par une disposition limitant le délai pendant lequel un ajustement primaire peut être effectué en vertu du paragraphe 1 de l'article 9; cette solution évite la double imposition économique qui peut résulter de l'ajustement primaire s'il n'est pas suivi d'un ajustement corrélatif. Les États contractants qui souhaitent parvenir à ce résultat peuvent convenir, de manière bilatérale, d'ajouter le paragraphe suivant après le paragraphe 2 :***

> ***3. Un État contractant ne doit pas inclure dans les bénéfices d'une entreprise, et imposer en conséquence, les bénéfices qui auraient été réalisés par l'entreprise mais qui ne l'ont pas été du fait des conditions mentionnées au paragraphe 1, après [délai convenu de manière bilatérale] à compter de la fin de l'exercice fiscal au cours duquel ces bénéfices auraient dû être réalisés par l'entreprise. Les dispositions de ce paragraphe ne s'appliquent pas en cas de fraude, négligence grave ou manquement délibéré.***

41. Certains pays peuvent souhaiter insérer la deuxième phrase du paragraphe 2 de l'article 25 dans leurs conventions fiscales sous réserve d'un accord relatif au délai pendant lequel un État contractant peut effectuer un ajustement en application de l'article 9(1) ou de l'article 7(2). Cela correspond au point de vue de certains pays qui estiment qu'un engagement illimité à pratiquer un ajustement corrélatif ne serait pas raisonnable dans la pratique administrative, mais qu'il est certain que la double imposition sera neutralisée si un ajustement est pratiqué en vertu de l'article 9(1) ou de l'article 7(2) dans un délai raisonnable. Il est entendu qu'un pays respecterait la norme *a minima* dès lors qu'il insérerait la deuxième phrase du paragraphe 2 de l'article 25 dans ses conventions fiscales en complément des dispositions conventionnelles qui seraient ajoutées à l'article 7 et à l'article 9 conformément au paragraphe 39 de ce rapport.

B. Bonnes pratiques

42. Comme indiqué précédemment, les travaux menés dans le cadre l'action 14 ont également permis d'identifier un certain nombre de bonnes pratiques relatives aux trois objectifs généraux de la norme *a minima*. Ces bonnes pratiques, qui ne font pas partie de la norme *a minima*, sont présentées ci-après.

1. Les pays devraient s'assurer que les obligations relatives à la procédure amiable prévues par les conventions sont pleinement exécutées de bonne foi et que les différends donnant lieu à une procédure amiable sont résolus en temps opportun

Bonne pratique n° 1 : Les pays devraient insérer le paragraphe 2 de l'article 9 dans leurs conventions fiscales.

43. La plupart des pays considèrent que la double imposition économique résultant de l'imposition des bénéfices d'entreprises associées en vertu du paragraphe 1 de l'article 9 n'est pas conforme à l'objet et au but des conventions fiscales et entre dans le champ d'application de la procédure amiable de l'article 25 (se reporter de manière générale aux paragraphes 10 à 12 des Commentaires sur l'article 25). Cependant, certains pays estiment que, du fait de l'absence dans leurs conventions d'une disposition fondée sur le paragraphe 2 de l'article 9, ils ne sont pas tenus d'effectuer les ajustements corrélatifs ou d'accorder l'accès à la procédure amiable dans le cas d'une double imposition économique qui résulterait d'un ajustement primaire des prix de transfert. Cette position est susceptible de faire obstacle à la réalisation d'un objectif essentiel des conventions fiscales – l'élimination de la double imposition – et d'empêcher la tenue d'une consultation bilatérale permettant de définir les ajustements appropriés des prix de transfert. L'élément 1.1 de la norme *a minima* garantira un accès à la procédure amiable pour de tels cas relatifs aux prix de transfert. Cependant, il serait plus efficace que les pays disposent également de la possibilité d'effectuer les ajustements corrélatifs unilatéralement lorsqu'ils estiment que la réclamation du contribuable est fondée. En conséquence, les pays devraient insérer le paragraphe 2 de l'article 9 dans leurs conventions fiscales, étant entendu que cette modification n'est pas destinée à avoir une quelconque incidence négative sur les conventions qui ne contiennent pas actuellement de disposition fondée sur le paragraphe 2 de l'article 9.

2. Les pays devraient s'assurer que les processus administratifs favorisent la prévention et le règlement en temps opportun des différends relatifs aux conventions

Bonne pratique n° 2 : Les pays devraient avoir des procédures appropriées leur permettant de publier les accords conclus en vertu du pouvoir, conféré par la première phrase du paragraphe 3 de l'article 25, « par voie d'accord amiable, de résoudre les difficultés ou de dissiper les doutes auxquels peuvent donner lieu l'interprétation ou l'application de la Convention » en ce qui concerne l'application d'une convention à la totalité des contribuables ou à une catégorie de contribuables (plutôt qu'à l'égard du cas de procédure amiable particulier d'un contribuable), dès lors que ces accords apportent des instructions utiles permettant de prévenir de nouveaux différends et que les autorités compétentes sont d'accord que cette publication est compatible avec les principes d'une bonne administration de l'impôt.

44. Le pouvoir conféré par la première phrase du paragraphe 3 de l'article 25 « par voie d'accord amiable, de résoudre les difficultés ou de dissiper les doutes auxquels peuvent donner lieu l'interprétation ou l'application de la Convention » peut être un outil efficace pour rendre plus cohérente l'application des conventions fiscales par les deux parties. Les autorités compétentes doivent donc être encouragées à faire un usage effectif de ce pouvoir. En outre, les pays devraient avoir mis en place des procédures appropriées leur permettant de publier les accords amiables conclus en vertu de l'article 25(3) qui se rapportent à des

questions générales sur l'application d'une convention à tous les contribuables ou à une catégorie de contribuables (plutôt qu'à l'égard du cas de procédure amiable particulier d'un contribuable), dès lors que ces accords apportent des instructions utiles permettant de prévenir de nouveaux différends et que les autorités compétentes sont d'accord que cette publication est compatible avec les principes d'une bonne administration de l'impôt. Il convient que les procédures portant sur la publication des accords amiables conclus en vertu de l'article 25(3) prévoient des dispositions permettant de protéger la confidentialité des informations relatives aux contribuables.

45. Il est prévu d'apporter des modifications aux Commentaires sur les articles 3 et 25 du Modèle de Convention fiscale de l'OCDE lors de la prochaine mise à jour du Modèle de manière à clarifier le statut juridique d'un accord amiable conclu en vertu de l'article 25(3).

Bonne pratique n° 3 : Les pays devraient développer la « vision globale des enjeux » des fonctions de contrôle/vérification impliquées dans les dossiers internationaux au moyen de la communication, au personnel concerné, du « Module de formation à la vision globale des enjeux » du Forum sur l'administration fiscale.

46. Le Plan stratégique du Forum PA-FAF[6] recense plusieurs initiatives permettant de répondre aux défis auxquels les autorités compétentes sont confrontées en matière de moyens disponibles, pouvoirs, relations et positions, améliorations des processus, relations avec la fonction de contrôle, responsabilité et redevabilité. La participation d'un pays au Forum PA-FAF correspond à l'engagement de ses autorités compétentes de promouvoir, par ces initiatives, les objectifs contenus dans le Plan stratégique et de rendre compte de ces efforts à leurs homologues au sein du Forum PA-FAF.

47. Le Plan stratégique souligne qu'il est essentiel de développer la « vision globale des enjeux » des fonctions de contrôle et de vérification impliquées dans des dossiers internationaux pour prévenir une administration de l'impôt inappropriée (par exemple l'application à des sociétés non résidentes d'ajustements dénués de fondement) et éviter ainsi les différends susceptibles d'en résulter. Le Plan stratégique prévoit, à cet égard : « Toutes les fonctions de contrôle impliquées dans des ajustements concernant des contribuables dans des dossiers internationaux doivent tenir compte : *(1)* de la possibilité de générer une double imposition; *(2)* de l'impact des ajustements proposés sur la base d'imposition d'une ou de plusieurs juridictions; et *(3)* des processus et principes appliqués par les autorités compétentes pour concilier les demandes concurrentes émanant des juridictions. » L'une des initiatives engagées par le Forum PA-FAF vise donc à encourager la formation sur ces sujets, et le FAF a préparé et approuvé un « Module de formation à la vision globale des enjeux » qui peut être utilisé à cet effet. Les pays doivent s'efforcer de développer la conscience globale des fonctions de contrôle et de vérification de leurs administrations fiscales en faisant un usage approprié du « Module de formation à la vision globale des enjeux » du FAF.

Bonne pratique n° 4 : Les pays devraient mettre en œuvre des programmes d'accords préalables bilatéraux en matière de prix de transfert.

48. Un accord préalable en matière de prix de transfert (APP) est défini comme « un accord qui fixe, préalablement à des transactions entre entreprises associées, un ensemble approprié de critères (concernant par exemple la méthode de calcul, les éléments de comparaison, les correctifs à y apporter et les hypothèses de base concernant l'évolution future) pour la détermination des prix de transfert appliqués à ces transactions au cours d'une certaine période » (voir le paragraphe 4.123 des *Principes de l'OCDE applicables en matière de prix de transfert à l'intention des entreprises multinationales et des*

administrations fiscales). Les accords préalables en matière de prix de transfert conclus entre les autorités compétentes des États signataires d'une convention bilatérale améliorent le niveau de certitude dans les deux juridictions, réduisent la probabilité de double imposition et peuvent prévenir l'apparition de différends en matière de prix de transfert. Les pays devraient donc s'efforcer de mettre en œuvre des programmes bilatéraux d'accords préalables en matière de prix de transfert dès qu'ils sont en mesure de le faire.

Bonne pratique n° 5 : Les pays devraient mettre en œuvre des procédures appropriées permettant au contribuable de demander, dans certains cas et après une première mise en recouvrement de l'impôt dû, le règlement par la procédure amiable de questions relatives à différents exercices fiscaux pour lesquels des déclarations ont été produites, dès lors que les faits et circonstances sont identiques et sous réserve de la vérification de ces faits et circonstances lors d'un contrôle. Ces procédures demeureraient soumises aux conditions énoncées au paragraphe 1 de l'article 25 : pour qu'une demande visant à obtenir le règlement d'une question pour un exercice fiscal particulier soit recevable, le cas doit être soumis dans les trois ans qui suivent la première notification de la mesure qui entraîne une imposition non conforme aux dispositions de la Convention au titre de l'exercice fiscal considéré.

49. Dans certains cas, une demande d'assistance soumise à l'autorité compétente et portant sur un ajustement de revenus particulier peut impliquer des questions récurrentes ayant des incidences sur les déclarations établies au titre de différents exercices fiscaux antérieurs ou ultérieurs. Les programmes de procédures amiables qui permettent également à un contribuable de recourir à la procédure amiable concernant de telles questions récurrentes à l'égard d'autres exercices fiscaux – à condition, en règle générale, que les faits et circonstances concernés soient identiques et sous réserve de la vérification de ces faits et circonstances – peuvent contribuer à éviter des demandes de procédure amiable répétitives et permettre une utilisation plus efficace des ressources des autorités compétentes. Les pays doivent donc s'efforcer de mettre en œuvre des procédures appropriées permettant au contribuable de demander, dans certains cas et après une première mise en recouvrement de l'impôt dû, le règlement par la procédure amiable de questions relatives à différents exercices fiscaux pour lesquels des déclarations ont été produites, dès lors que les faits et circonstances sont identiques et sous réserve de la vérification de ces faits et circonstances lors d'un contrôle. De telles procédures demeureraient soumises aux conditions du paragraphe 1 de l'article 25 : pour qu'une demande visant à obtenir le règlement d'une question pour un exercice fiscal particulier soit recevable, le cas doit être soumis dans les trois ans qui suivent la première notification de la mesure qui entraîne une imposition non conforme aux dispositions de la Convention au titre de l'exercice fiscal considéré (à savoir, ces procédures n'autoriseraient pas les demandes de recours à la procédure amiable qui seraient présentées en dehors des délais définis au paragraphe 1 de l'article 25).

3. Les pays devraient s'assurer que les contribuables qui remplissent les conditions du paragraphe 1 de l'article 25 ont accès à la procédure amiable

Bonne pratique n° 6 : Les pays devraient prendre les dispositions appropriées permettant une suspension des procédures de recouvrement pendant la durée de la procédure amiable. La suspension des mesures de recouvrement devrait être possible, à tout le moins, selon les mêmes conditions que celles applicables à toute personne qui forme un recours administratif ou judiciaire selon le droit interne.

50. Lorsque le paiement de l'impôt est posé comme condition à l'ouverture d'une procédure amiable, le contribuable peut se trouver face à des difficultés financières importantes : si les deux États contractants perçoivent les impôts contestés, il existe de fait une double imposition et les problèmes de trésorerie qui en résultent peuvent avoir un impact important sur les activités d'entreprise du contribuable, du moins jusqu'à la conclusion de la procédure amiable. Une autorité compétente peut également rencontrer plus de difficultés pour engager de bonne foi une procédure amiable lorsqu'elle estime qu'elle devra vraisemblablement rembourser des montants déjà recouvrés. Les pays devraient donc prendre des mesures appropriées permettant une suspension des procédures de recouvrement pendant la durée de la procédure amiable. La suspension des mesures de recouvrement devrait être possible, à tout le moins, selon les mêmes conditions que celles applicables à toute personne qui forme un recours administratif ou judiciaire selon le droit interne. Il est prévu que, lors de la prochaine mise à jour du Modèle de Convention fiscale de l'OCDE, des modifications relatives à cette bonne pratique seront apportées aux Commentaires sur l'article 25, notamment afin d'améliorer la présentation, dans les Commentaires existant, des considérations générales qui militent en faveur de la suspension des procédures de recouvrement pendant la durée d'une procédure amiable.

<u>Bonne pratique n° 7</u> : *Les pays devraient mettre en œuvre des mesures administratives appropriées permettant de faciliter le recours à la procédure amiable pour régler les différends relatifs aux conventions, tout en consacrant le principe général selon lequel le choix des recours engagés appartient au contribuable.*

51. La procédure amiable prévue par l'article 25 est ouverte aux contribuables quels que soient les recours judiciaires et administratifs prévus par le droit interne des États contractants. Étant donné que les constitutions et/ou les législations de nombreux pays disposent que nul ne peut être privé des recours judiciaires prévus par le droit interne applicable, le choix des recours qui revient au contribuable n'est généralement limité que par les délais applicables (tels que ceux prévu par une loi interne en matière de prescription ou par le paragraphe 1 de l'article 25) et par le fait que la plupart des administrations fiscales ne traitent pas le cas d'un contribuable simultanément selon la procédure amiable et devant une autorité judiciaire ou administrative nationale (c'est-à-dire que le choix d'une procédure l'emporte, en règle générale, sur les autres). Cependant, puisque l'accord conclu dans le cadre d'une procédure amiable permet habituellement un règlement bilatéral du cas dans son ensemble – assurant ainsi l'élimination de la double imposition – les pays devraient mettre en œuvre des mesures administratives appropriées visant à faciliter l'accès à la procédure amiable pour régler les différends relatifs aux conventions, tout en respectant le principe général selon lequel le choix du recours devrait appartenir au contribuable.

<u>Bonne pratique n° 8</u> : *Les pays devraient décrire, dans les instructions qu'ils publient concernant la procédure amiable, l'articulation entre la procédure amiable et les recours administratifs et judiciaires prévus par le droit interne applicable. Ces instructions destinées au public devraient traiter, en particulier, la question de savoir si l'autorité compétente se considère légalement obligée de suivre une décision d'une autorité judiciaire nationale dans le cadre de la procédure amiable ou si elle ne dérogera pas à une telle décision en raison de politiques ou pratiques administratives.*

52. Les interactions complexes entre les recours prévus par le droit interne et la procédure amiable sont généralement régies par le droit interne et/ou par les procédures administratives de l'État contractant (c'est-à-dire que la convention fiscale ne contient généralement pas de disposition sur ce point), ce qui peut générer de l'incertitude liée

en particulier au fait que les différents États appliquent des approches différentes. Cette incertitude peut concerner, par exemple, les questions de savoir si le contribuable dispose toujours d'autres recours lorsqu'il a choisi en premier lieu la procédure amiable et dans quelle mesure une autorité compétente peut déroger à la décision rendue par une autorité judiciaire nationale. Les pays devraient donc décrire, dans les instructions qu'ils publient concernant la procédure amiable (voir l'élément 2.1 ci-avant), l'articulation entre la procédure amiable et les recours administratifs et judiciaires prévus par le droit interne applicable, en décrivant également les procédures correspondantes et les conditions, règles et délais qui leur sont propres. Ces instructions destinées au public devraient traiter, en particulier, la question de savoir si l'autorité compétente se considère légalement obligée de suivre une décision d'une autorité judiciaire nationale dans le cadre de la procédure amiable ou si elle ne dérogera pas à une telle décision en raison de politiques ou pratiques administratives.

53. Les Commentaires sur l'article 25 seront modifiés comme suit afin de préciser ce point :

Remplacer le paragraphe 35 des Commentaires sur l'article 25 par ce qui suit :

> 35. S'il a été statué de manière définitive sur son recours par un tribunal dans l'État de sa résidence, le contribuable peut cependant souhaiter soumettre une réclamation pour y donner suite dans le cadre de la procédure amiable. Dans certains États, l'autorité compétente peut apporter une solution satisfaisante différente de la décision judiciaire. Dans d'autres États, l'autorité compétente est liée par une telle décision ***(c'est-à-dire qu'elle est légalement obligée de suivre la décision du tribunal) ou elle ne dérogera pas à une telle décision en raison de politiques ou pratiques administratives.*** Elle peut néanmoins soumettre le cas à l'autorité compétente de l'autre État contractant et lui demander de prendre des mesures pour éviter la double imposition.

Remplacer le paragraphe 42 des Commentaires sur l'article 25 par ce qui suit :

> 42. Il peut arriver qu'un accord amiable soit conclu au sujet d'un contribuable, alors qu'une instance contentieuse a été engagée par ce dernier pour le même objet devant la juridiction compétente de l'un ou de l'autre État contractant et se trouve encore pendante. En pareil cas, on ne saurait rejeter la demande d'un contribuable de différer son acceptation de la solution convenue en procédure amiable jusqu'à ce que le tribunal ait statué sur ce recours. Par ailleurs, les autorités compétentes peuvent raisonnablement être d'opinion que, lorsque l'instance engagée par le contribuable est pendante quant à la question particulière sur laquelle ce contribuable demande un accord amiable, elles doivent attendre que le tribunal ait statué pour procéder à un examen en profondeur. Si la demande de procédure amiable soumise par le contribuable vise des années d'imposition différentes de celles que vise l'instance contentieuse, mais essentiellement les mêmes questions de fait et de droit, de sorte que la décision du tribunal devrait dans la pratique avoir une incidence sur les années d'imposition du contribuable qui ne font pas expressément l'objet du litige, la position pourrait être identique, dans la pratique, à celle adoptée pour les cas mentionnés précédemment. Quoi qu'il en soit, le fait d'être dans l'attente d'une décision de justice ou de demander que soit suspendue une procédure amiable au motif qu'une procédure formelle de recours interne est en cours, ne saurait réduire la période de deux ans mentionnée au paragraphe 5 de l'article ni causer son expiration. Naturellement, si les autorités compétentes jugent, dans un cas ou dans l'autre, que la question pourrait être résolue sans égard à la procédure instituée en vertu du droit interne (par exemple, du fait que l'autorité compétente du pays où l'instance est instituée ne sera

pas ***juridiquement*** liée ou contrainte par la décision de justice), la procédure amiable peut suivre son cours ***normal. Une autorité compétente peut être empêchée, en droit, de maintenir une imposition dès lors qu'un tribunal a décidé que cette imposition n'est pas conforme aux dispositions d'une convention fiscale. À l'inverse, dans certains pays, l'autorité compétente ne sera pas juridiquement empêchée d'alléger l'imposition même si le tribunal a décidé que cette imposition est conforme aux dispositions d'une convention fiscale. Dans un tel cas, rien (par exemple, aucune règle ou pratique administrative) ne devrait empêcher les autorités compétentes de conclure un accord amiable portant sur la suppression par un État contractant de l'imposition qu'elles jugent non conforme aux dispositions de la convention fiscale et donc de déroger à la décision rendue par un tribunal de cet État.***

Bonne pratique n° 9 : Les instructions relatives à la procédure amiable publiées par les pays devraient préciser que les contribuables ont accès à la procédure amiable afin que les autorités compétentes puissent régler, par la concertation, la double imposition qui peut exister suite à un ajustement effectué à l'étranger à l'initiative d'un contribuable agissant de bonne foi – c'est-à-dire un ajustement effectué par un contribuable en vertu du droit interne de l'autre État signataire de la convention qui autorise le contribuable, dans certaines circonstances, à modifier une déclaration fiscale déjà déposée afin de rectifier (i) *le prix d'une transaction entre entreprises associées ou* (ii) *les profits attribuables à un établissement stable, dans le but de déclarer un résultat qui est, du point de vue du contribuable, conforme au principe de pleine concurrence. À cet effet, l'ajustement initié à l'étranger par un contribuable doit être considéré comme étant de bonne foi s'il reflète la volonté du contribuable de déclarer correctement les revenus imposables résultant d'une transaction contrôlée ou les bénéfices attribuables à un établissement stable et si le contribuable a par ailleurs rempli, dans les délais et de manière appropriée, toutes les obligations lui incombant au titre de ces revenus ou bénéfices imposables en application du droit fiscal des deux États contractants.*

54. Le droit de certains États permet à un contribuable de modifier, dans certaines circonstances, une déclaration fiscale déjà déposée pour rectifier le prix d'une transaction contrôlée entre entreprises associées, ou pour redresser les bénéfices attribuables à un établissement stable, afin que le résultat corresponde (du point de vue du contribuable) au principe de pleine concurrence. Cet ajustement dont le contribuable prend l'initiative peut correspondre, par exemple, au dépôt d'une déclaration fiscale modifiée dans laquelle le prix d'une transaction contrôlée est fixé selon le principe de pleine concurrence, ou à toute autre démarche du contribuable destinée à corriger une attribution de bénéfices à un établissement stable déclarée précédemment, de manière à ce que cette attribution soit conforme aux principes de l'entité distincte et de pleine concurrence sur lesquels repose l'article 7. Afin de s'assurer que les autorités compétentes peuvent régler, par la concertation, la double imposition qui peut exister dans le cas d'un ajustement effectué de bonne foi à l'étranger à l'initiative d'un contribuable, c'est-à-dire suite à une démarche entreprise à l'initiative du contribuable et autorisée en vertu du droit interne d'un autre État signataire d'une convention afin de modifier les résultats déjà déclarés de transactions contrôlées ou les profits attribuables à un établissement stable dans le but de déclarer un résultat qui est, du point de vue du contribuable, conforme au principe de pleine concurrence, les instructions relatives à la procédure amiable publiées par les pays devraient indiquer que les contribuables ont accès à la procédure amiable au titre de tels ajustements. À cet effet, l'ajustement effectué à l'étranger à l'initiative d'un contribuable devrait être considéré comme étant effectué de bonne foi s'il reflète la volonté du contribuable de déclarer correctement les revenus imposables résultant d'une transaction

contrôlée ou les bénéfices attribuables à un établissement stable et si le contribuable a par ailleurs rempli, dans les délais et de manière appropriée, toutes les obligations lui incombant au titre de ces revenus ou bénéfices imposables en application du droit fiscal des deux États contractants.

55. Afin de prendre en compte cette bonne pratique, les modifications suivantes seront apportées aux Commentaires sur les articles 7, 9 et 25 :

Ajouter le paragraphe 59.1 suivant aux Commentaires sur l'article 7 :

59.1. En vertu du droit interne de certains pays, un contribuable peut être autorisé à modifier, dans des circonstances appropriées, une déclaration fiscale déjà déposée pour rectifier les bénéfices attribuables à un établissement stable afin que cette attribution soit conforme, de l'avis du contribuable, aux principes de l'entité distincte et de pleine concurrence sur lesquels repose l'article 7. Lorsqu'ils sont effectués de bonne foi, ces ajustements peuvent faciliter l'attribution correcte de bénéfices à un établissement stable conformément au paragraphe 2 de l'article 7. Cependant, une double imposition peut survenir si, par exemple, un ajustement effectué à l'initiative d'un contribuable augmente les bénéfices attribués à un établissement stable situé dans un État contractant sans qu'un ajustement corrélatif approprié soit effectué dans l'autre État contractant. L'élimination d'une telle double imposition entre dans le champ d'application du paragraphe 3. De fait, dans la mesure où des impôts sont imposés par le premier État sur les bénéfices ainsi majorés, cet État peut être considéré comme ayant ajusté les bénéfices attribuables à l'établissement stable et comme ayant imposé des bénéfices déjà soumis à l'impôt dans l'autre État. Dans ces circonstances, l'article 25 permet aux autorités compétentes des États contractants de se concerter pour éliminer la double imposition ; les autorités compétentes peuvent donc, si nécessaire, utiliser la procédure amiable pour décider si l'ajustement initial a rempli les conditions du paragraphe 2 et, si c'est le cas, pour déterminer le montant de l'ajustement approprié à apporter à l'impôt appliqué aux bénéfices attribuables à l'établissement stable de manière à éliminer la double imposition.

Ajouter le paragraphe 6.1 suivant aux Commentaires sur l'article 9 :

6.1. En vertu du droit interne de certains pays, un contribuable peut être autorisé à modifier, dans des circonstances appropriées, une déclaration fiscale déjà déposée pour rectifier le prix d'une transaction entre entreprises associées afin que ce prix soit conforme, de l'avis du contribuable, au prix qui aurait été pratiqué dans des conditions de pleine concurrence. Lorsqu'ils sont effectués de bonne foi, ces ajustements peuvent faciliter la déclaration par les contribuables de leurs revenus imposables conformément au principe de pleine concurrence. Cependant, une double imposition économique peut survenir si, par exemple, un ajustement réalisé à l'initiative du contribuable augmente les bénéfices d'une entreprise d'un État contractant sans qu'un ajustement corrélatif approprié soit effectué sur les bénéfices de l'entreprise associée dans l'autre État contractant. L'élimination de cette double imposition entre dans le champ d'application du paragraphe 2. De fait, dans la mesure où des impôts sont imposés par le premier État sur les bénéfices ainsi majorés, cet État peut être considéré comme ayant inclus dans les bénéfices d'une entreprise de cet État, et comme ayant imposé, des bénéfices sur lesquels une entreprise de l'autre État a été imposée. Dans ces circonstances, l'article 25 permet aux autorités compétentes des États contractants de se concerter pour éliminer la double imposition ; les autorités compétentes peuvent donc, si nécessaire, utiliser

la procédure amiable pour décider si l'ajustement initial a rempli les conditions du paragraphe 1 et, si c'est le cas, pour déterminer le montant de l'ajustement approprié à apporter à l'impôt appliqué dans l'autre État sur ces bénéfices de manière à éliminer la double imposition.

Remplacer le paragraphe 23 des Commentaires sur l'article 25 par ce qui suit :

23. Dans le cas d'une auto-imposition, la charge fiscale fera généralement l'objet d'une notification quelconque (par exemple, la notification d'un impôt à payer ou du rejet ou de l'ajustement d'une demande de remboursement), et en règle générale, la date de la notification, plutôt que celle du dépôt de la déclaration fiscale auto-établie par le contribuable, constituera le point de départ du délai de trois ans. ***Si un contribuable acquitte un impôt supplémentaire lié au dépôt d'une déclaration modifiée correspondant à un ajustement de bonne foi effectué à l'initiative du contribuable (comme décrit au paragraphe 14 ci-dessus), le point de départ du délai de trois ans sera généralement l'avis d'imposition ou la notification d'un impôt à payer résultant de la déclaration modifiée plutôt que la date du paiement de l'impôt supplémentaire.*** Il se peut toutefois qu'aucune notification de l'impôt à payer ni aucune autre notification ne soit prévue. En pareil cas, la date de « notification » applicable correspondrait à la date où le contribuable serait, dans le cours normal des choses, considéré avoir été informé de l'imposition qui, de fait, est non conforme à la Convention. Il pourrait s'agir, par exemple, de la date à laquelle le contribuable est informé pour la première fois du transfert de fonds, notamment par le truchement d'un état de solde ou d'un relevé bancaire. Le délai commence à courir, que le contribuable estime ou non à ce stade que l'imposition est effectivement contraire à la Convention, dès lors qu'une personne raisonnablement prudente se trouvant dans la situation du contribuable aurait été en mesure de conclure que l'imposition n'était pas conforme aux dispositions de la Convention. Dans ce cas, la notification au contribuable de l'existence d'une imposition suffit. En revanche, dans les cas où seule la combinaison de l'auto-imposition avec quelque autre circonstance aurait amené une personne raisonnablement prudente se trouvant dans la situation du contribuable, à conclure que l'imposition était contraire à la Convention (par exemple, une décision judiciaire selon laquelle l'application d'un impôt dans une situation similaire à celle du contribuable serait contraire aux dispositions de la Convention), le délai commence à courir lorsque cette circonstance se réalise.

Remplacer le paragraphe 14 des Commentaires sur l'article 25 par le texte suivant :

14. Il importe de noter que la procédure amiable peut, à la différence des recours contentieux de droit interne, être mise en œuvre par un contribuable sans attendre que l'imposition considérée par lui comme « non conforme aux dispositions de la Convention » ait été établie ou lui ait été notifiée. Pour qu'il puisse engager une telle procédure, il faut et il suffit qu'il établisse que les « mesures prises par un État ou par les deux États » entraîneront une telle imposition, et qu'il s'agit d'un risque qui n'est pas simplement éventuel mais probable. Ces mesures s'entendent de tous actes ou décisions, de nature législative ou réglementaire, et de portée générale ou individuelle, ayant pour conséquence directe et nécessaire l'établissement contrairement aux dispositions de la Convention d'une imposition à la charge du requérant. Par exemple, si une modification du droit fiscal interne d'un État contractant conduit à soumettre une personne percevant des revenus d'une certaine nature à une imposition non conforme à la Convention, cette personne pourrait mettre en œuvre la procédure amiable dès que la loi est modifiée et que cette personne perçoit les revenus en question ou qu'il devient probable qu'elle percevra de tels revenus. D'autres exemples portent sur le dépôt d'une

déclaration dans le cadre d'un système d'auto-imposition ou sur l'examen approfondi de la déclaration d'un contribuable dans le cadre d'une vérification, dans la mesure où l'un ou l'autre de ces faits rend probable une imposition non conforme à la Convention (par exemple, si la situation que le contribuable est tenu de déclarer en vertu de la législation interne de l'un des États contractants devait donner lieu, au cas où elle ferait l'objet d'une imposition de cet État dans le cadre d'un système non déclaratif, à un risque d'imposition non conforme à la Convention, ou si des circonstances telles que la position officielle de l'État contractant ou ses pratiques en matière de vérification rendaient très probable qu'un examen approfondi d'une position particulière comme celle prise par le contribuable aboutisse à des calculs d'imposition susceptibles d'entraîner une imposition non conforme à la Convention). Un autre exemple pourrait être constitué par le cas où la législation d'un État contractant en matière de prix de transfert exige du contribuable qu'il déclare des revenus imposables supérieurs à ceux qui résultent des prix qu'il a effectivement pratiqués dans ses transactions avec une partie liée, afin de respecter le principe de pleine concurrence, et où l'on a de bonnes raisons de douter que la partie liée au contribuable puisse obtenir un ajustement corrélatif dans l'autre État contractant en l'absence d'une procédure amiable. ***Ces mesures peuvent également être entendues comme comprenant les ajustements réalisés de bonne foi à l'initiative d'un contribuable qui sont autorisés par le droit interne de certains pays et qui permettent au contribuable de modifier, dans des circonstances appropriées, une déclaration fiscale déjà déposée afin de déclarer un prix dans une transaction contrôlée, ou une attribution de bénéfices à un établissement stable, qui soit, du point de vue du contribuable, conforme au principe de pleine concurrence (voir le paragraphe 6.1 des Commentaires sur l'article 9 et le paragraphe 59.1 des Commentaires sur l'article 7).*** Comme l'indiquent les premiers mots du paragraphe 1, la question de savoir si les mesures prises par un État contractant ou les deux États contractants entraîneront une imposition non conforme à la Convention doit être résolue du point de vue du contribuable. Si l'estimation que fait le contribuable de l'existence d'une telle imposition doit être raisonnable et s'appuyer sur des faits vérifiables, les autorités fiscales ne devraient pas refuser une demande soumise en vertu du paragraphe 1 simplement parce qu'elles estiment qu'il n'a pas été prouvé (par exemple, en application de normes juridiques nationales fondées sur une « preuve prépondérante »), qu'une telle imposition aura lieu.

Bonne pratique n° 10 : Les instructions relatives à la procédure amiable publiées par les pays devraient contenir des instructions sur le traitement des intérêts et des pénalités dans le cadre de la procédure amiable.

56. Les questions relatives au traitement, par les autorités compétentes, des intérêts et des pénalités dans le cadre des cas soumis à la procédure amiable sont particulièrement importantes, notamment du fait que les mesures issues du projet BEPS pourraient accroître les enjeux entourant la procédure amiable. Les instructions relatives à la procédure amiable publiées par les pays devraient donc contenir des instructions sur la façon dont les intérêts sont pris en compte dans le cadre de la procédure amiable.

57. Il est prévu d'apporter des modifications aux Commentaires sur l'article 25 du Modèle de Convention fiscale de l'OCDE lors de la prochaine mise à jour du Modèle de manière à répondre à certaines questions liées à la prise en compte des intérêts et des pénalités dans le cadre de la procédure amiable.

Bonne pratique n° 11 : Les instructions relatives à la procédure amiable publiées par les pays devraient contenir des instructions sur les procédures amiables et accords préalables en matière de prix de transfert qui ont un caractère multilatéral.

58. Au cours des dernières années, l'augmentation sensible du rythme de la mondialisation a été une source de défis sans précédent pour les mécanismes de règlement des différends liés aux conventions fiscales. Tandis que la procédure amiable prévue à l'article 25 du Modèle de Convention fiscale de l'OCDE s'est généralement concentrée sur le règlement des différends bilatéraux, des phénomènes tels que l'adoption de modèles d'affaires régionaux et mondiaux et l'accélération de l'intégration des économies et des marchés nationaux ont mis en évidence le besoin de mécanismes efficaces de règlement des différends fiscaux de nature multilatérale. Les pays devraient donc élaborer des instructions appropriées sur les procédures amiables et accords préalables en matière de prix de transfert qui ont un caractère multilatéral et insérer ces instructions dans ce qu'ils publient concernant la procédure amiable et les programmes d'accords préalables en matière de prix de transfert.

59. Il est prévu d'apporter des modifications aux Commentaires sur l'article 25 du Modèle de Convention fiscale de l'OCDE lors de la prochaine mise à jour du Modèle de manière à répondre aux questions liées aux procédures amiables et accords préalables en matière de prix de transfert qui ont un caractère multilatéral.

C. Cadre du mécanisme de suivi

60. Comme cela a déjà été indiqué, les conclusions des travaux menés au titre de l'action 14 du Plan BEPS reflètent l'accord selon lequel la mise en œuvre de la norme *a minima* doit être évaluée par un mécanisme de suivi par les pairs destiné à garantir que les engagements contenus dans la norme *a minima* sont effectivement respectés. Le mécanisme de suivi présentera les caractéristiques générales suivantes :

1. Tous les pays de l'OCDE et du G20, ainsi que les juridictions qui s'engagent à adopter la norme *a minima* mentionnée à la section I.A du présent rapport, seront soumis à des évaluations de la mise en œuvre de la norme *a minima*. Les évaluations porteront sur le cadre juridique établi par les conventions fiscales conclues par une juridiction et par sa législation et ses règlementations internes, sur les instructions relatives aux programme de procédure amiable élaboré par cette juridiction et sur la mise en œuvre pratique de la norme *a minima*.
2. Le principal résultat du processus de suivi par les pairs prendra la forme d'un rapport. Ce rapport recensera et décrira les points forts et les points faibles existants et fournira des recommandations sur la manière dont la juridiction concernée pourrait remédier à ses points faibles.
3. Les principaux documents régissant le processus de suivi par les pairs seront les *Termes de référence* et la *Méthodologie d'évaluation*. Les *Termes de référence* s'appuieront sur les éléments de la norme *a minima* mentionnés à la section I.A du présent rapport et classeront ces éléments en différents aspects spécifiques sur lesquels portera l'évaluation du cadre juridique de la juridiction ainsi que de ses instructions relatives aux programmes de procédure amiable et de sa mise en œuvre de la norme *a minima* dans la pratique. Ces *Termes de référence* constitueront une feuille de route précise pour le processus de suivi grâce à laquelle toutes les juridictions feront l'objet d'une évaluation complète et cohérente. La *Méthodologie d'évaluation* fournira des procédures et des lignes directrices détaillées pour l'application du mécanisme de suivi par les pairs aux pays de l'OCDE et du G20,

ainsi qu'aux autres juridictions concernées, par le Forum PA-FAF (voir l'élément 1.6 de la norme *a minima*) et contiendra un système d'évaluation de la mise en œuvre de la norme *a minima*.

4. Les *Termes de référence* et la *Méthodologie d'évaluation* seront tous les deux élaborés conjointement par le Groupe de travail n° 1 et par le Forum PA-FAF d'ici la fin du premier trimestre 2016.

5. Le processus de suivi par les pairs mené par le Forum PA-FAF, qui rendra compte au G20 par l'intermédiaire du Comité des affaires fiscales de l'OCDE, sera lancé en 2016, l'objectif étant que les premiers rapports d'évaluation soient publiés d'ici la fin de 2017.

61. Un mandat relatif à l'élaboration *des Termes de référence* et de la *Méthodologie d'évaluation* est joint en annexe au présent rapport.

Notes

1. Les pays participants au FAF comprennent, en sus de tous les pays de l'OCDE et du G20, la Colombie, Hong Kong (Chine), la Malaisie et Singapour.
2. Voir www.oecd.org/site/ctpfta/map-strategic-plan.pdf.
3. Voir le paragraphe 31 de l'Introduction du Modèle de Convention fiscale de l'OCDE.
4. Voir le paragraphe 5 de l'Introduction des positions des économies non membres sur le modèle de convention fiscale.
5. L'élément 2.6 de la norme a minima ne couvre pas les régimes de protection relatifs aux prix de transfert prévus par le droit interne d'un pays, en conséquence, aucune conclusion ne saurait en être tirée concernant de tels régimes de protection.
6. Voir www.oecd.org/site/ctpfta/map-strategic-plan.pdf.

II. Engagement relatif à un mécanisme d'arbitrage obligatoire et contraignant dans le cadre de la procédure amiable

62. Les représentants du monde de l'entreprise et un certain nombre de pays considèrent que le recours à un arbitrage obligatoire et contraignant constitue l'approche la plus appropriée pour régler les différends relatifs aux conventions fiscales de manière efficace par la procédure amiable. Bien qu'il n'y ait pas de consensus entre tous les pays de l'OCDE et du G20 sur l'adoption de l'arbitrage comme moyen d'assurer le règlement des cas soumis à la procédure amiable, un groupe de pays s'est engagé à adopter et à mettre en œuvre l'arbitrage obligatoire et contraignant pour régler les différends qui empêcheraient par ailleurs la résolution de cas par la procédure amiable. Au nombre des pays qui ont exprimé leur intérêt pour cette approche figurent l'Allemagne, l'Australie, l'Autriche, la Belgique, le Canada, l'Espagne, les États-Unis, la France, l'Irlande, l'Italie, le Japon, le Luxembourg, les Pays-Bas, la Norvège, la Nouvelle-Zélande, la Pologne, le Royaume-Uni, la Slovénie, la Suède et la Suisse ; cela représente une avancée importante car, selon les données recueillies par l'OCDE, ces pays étaient partie à plus de 90 % des cas de procédure amiable recensés à la fin de l'année 2013 [1].

63. Une disposition prévoyant un mécanisme d'arbitrage obligatoire et contraignant sera élaborée dans le cadre de la négociation relative à l'instrument multilatéral conduite au titre de l'action 15 du Plan BEPS. Il sera demandé à ce groupe de pays d'examiner, en particulier, la manière de concilier leurs différentes opinions sur la portée de la clause d'arbitrage. Tandis qu'un certain nombre de pays appartenant à ce groupe préféreraient qu'il n'y ait pas de restrictions à l'accès à la procédure d'arbitrage, d'autres pays préféreraient que cet arbitrage soit limité à une sous-catégorie de cas définie de manière appropriée. Le groupe de pays engagés à adopter une clause d'arbitrage pourra appuyer ses travaux sur ceux déjà conduits par le Groupe de réflexion sur le règlement des différends concernant les difficultés ayant empêché l'adoption d'un mécanisme d'arbitrage dans le cadre de la procédure amiable et les solutions possibles pour lever ces difficultés.

Note

1. Voir www.oecd.org/fr/ctp/resolution/statistiques-pa-2013.htm.

Annexe A

Mandat sur l'élaboration des termes de référence et de la méthodologie d'évaluation

Conformément à l'élément 1.6 de la norme *a minima* définie dans le cadre de l'action 14, les pays s'engagent à ce que leur application de la norme *a minima* fasse l'objet d'un examen par leurs pairs – c'est-à-dire les autres membres du Forum PA-FAF (comme prévu dans l'élément 1.4 de la norme *a minima*, les pays devraient devenir membres du Forum PA-FAF et participer pleinement à ses travaux). Cet examen sera mené selon un mécanisme de suivi, dont le cadre est décrit à la section I.C du présent rapport. Ce suivi, qui est essentiel pour assurer une mise en œuvre efficace de la norme *a minima*, sera exercé conformément aux *Termes de référence* et à la *Méthodologie d'évaluation* qui seront élaborés en 2016 par le Comité des affaires fiscales de l'OCDE, par l'intermédiaire de son Groupe de travail n° 1 sur les conventions fiscales et les questions associées (Groupe de travail n° 1) et par le Forum sur la procédure amiable créé au sein du Forum sur l'administration fiscale (Forum PA-FAF). Le mandat relatif à l'élaboration des *Termes de référence* et de la *Méthodologie d'évaluation* est présenté ci-après :

Préambule

Considérant que les conclusions des travaux menés au titre de l'action 14 du Plan BEPS reflètent l'accord que les pays devraient respecter une norme *a minima* incluant des mesures spécifiques visent à permettre que les différends relatifs aux conventions soient résolus en temps opportun et de manière efficace et efficiente ;

Considérant que les conclusions des travaux menés au titre de l'action 14 du Plan BEPS incluent également l'accord selon lequel la mise en œuvre de la norme *a minima* doit être évaluée par un mécanisme de suivi par les pairs afin d'assurer que les engagements contenus dans la norme *a minima* soient effectivement respectés, et que tous les pays de l'OCDE et du G20, ainsi que les autres juridictions qui s'engagent à adopter la norme *a minima*, fassent l'objet d'examens par les pairs menés selon ce mécanisme de suivi ;

Considérant que le processus de suivi par les pairs nécessitera l'élaboration de *Termes de référence* qui seront utilisés pour évaluer la mise en œuvre de la norme *a minima* prévue par l'action 14 et d'une *Méthodologie d'évaluation* décrivant les procédures et lignes directrices applicables à ce processus ;

Les pays participants au Projet BEPS de l'OCDE et du G20 ont convenu que les *Termes de référence* et la *Méthodologie d'évaluation* seront élaborés par le Comité des affaires fiscales de l'OCDE, par l'intermédiaire de son Groupe de travail n° 1 sur les conventions fiscales et les questions associées, et par le Forum sur la procédure amiable du Forum sur l'administration fiscale (Forum PA-FAF) conformément au mandat suivant.

A. Objectif

Le Comité des affaires fiscales de l'OCDE, par l'intermédiaire de son Groupe de travail no 1 sur les conventions fiscales et les questions associées, et le Forum sur la procédure amiable du Forum sur l'administration fiscale (Forum PA-FAF) élaboreront les principaux documents aux fins du suivi de la mise en œuvre de la norme *a minima* prévue par l'action 14, soit les *Termes de référence* et la *Méthodologie d'évaluation*. Les *Termes de référence* s'appuieront sur les éléments de la norme *a minima* et classeront ces éléments en différents aspects spécifiques sur lesquels portera l'évaluation du cadre juridique de la juridiction ainsi que de ses instructions relatives aux programmes de procédure amiable et de sa mise en œuvre de la norme a minima dans la pratique ; ils constitueront une feuille de route précise pour le processus de suivi grâce à laquelle toutes les juridictions feront l'objet d'une évaluation complète et cohérente. La *Méthodologie d'évaluation* fournira des procédures et des lignes directrices détaillées pour l'application du mécanisme de suivi par les pairs aux pays de l'OCDE et du G20, ainsi qu'aux autres juridictions concernées, par le Forum PA-FAF, qui sera ouvert à tous les pays participants sur un pied d'égalité, et contiendra un système d'évaluation de la mise en œuvre de la norme *a minima*.

B. Participation

Les *Termes de référence* et la *Méthodologie d'évaluation* seront élaborés conjointement par le Comité des affaires fiscales de l'OCDE, par l'intermédiaire de son Groupe de travail n° 1 sur les conventions fiscales et les questions associées, et par le Forum PA-FAF, tous les pays participants œuvrant sur un pied d'égalité.

C. Durée et cessation du mandat

L'élaboration des *Termes de référence* et de la *Méthodologie d'évaluation* devra démarrer au plus tard en novembre 2015. Le Groupe de travail n° 1 et le Forum PA-FAF auront pour objectif de conclure leurs travaux sur les *Termes de référence* et sur la *Méthodologie d'évaluation* à la fin du premier trimestre 2016.

Bibliographie

OCDE (2014), *Modèle de convention fiscale concernant le revenu et la fortune : Version abrégée 2014,* Éditions OCDE, Paris, http://dx.doi.org/10.1787/mtc_cond-2014-fr.

OCDE (2013a), *Plan d'action concernant l'érosion de la base d'imposition et le transfert de bénéfices*, Éditions OCDE, Paris, http://dx.doi.org/10.1787/9789264203242-fr.

ORGANISATION DE COOPÉRATION ET DE DÉVELOPPEMENT ÉCONOMIQUES

L'OCDE est un forum unique en son genre où les gouvernements oeuvrent ensemble pour relever les défis économiques, sociaux et environnementaux que pose la mondialisation. L'OCDE est aussi à l'avant-garde des efforts entrepris pour comprendre les évolutions du monde actuel et les préoccupations qu'elles font naître. Elle aide les gouvernements à faire face à des situations nouvelles en examinant des thèmes tels que le gouvernement d'entreprise, l'économie de l'information et les défis posés par le vieillissement de la population. L'Organisation offre aux gouvernements un cadre leur permettant de comparer leurs expériences en matière de politiques, de chercher des réponses à des problèmes communs, d'identifier les bonnes pratiques et de travailler à la coordination des politiques nationales et internationales.

Les pays membres de l'OCDE sont : l'Allemagne, l'Australie, l'Autriche, la Belgique, le Canada, le Chili, la Corée, le Danemark, l'Espagne, l'Estonie, les États-Unis, la Finlande, la France, la Grèce, la Hongrie, l'Irlande, l'Islande, Israël, l'Italie, le Japon, le Luxembourg, le Mexique, la Norvège, la Nouvelle-Zélande, les Pays-Bas, la Pologne, le Portugal, la République slovaque, la République tchèque, le Royaume-Uni, la Slovénie, la Suède, la Suisse et la Turquie. La Commission européenne participe aux travaux de l'OCDE.

Les Éditions OCDE assurent une large diffusion aux travaux de l'Organisation. Ces derniers comprennent les résultats de l'activité de collecte de statistiques, les travaux de recherche menés sur des questions économiques, sociales et environnementales, ainsi que les conventions, les principes directeurs et les modèles développés par les pays membres.

ÉDITIONS OCDE, 2, rue André-Pascal, 75775 PARIS CEDEX 16
(23 2015 39 2 P) ISBN 978-92-64-25221-9 – 2016

www.ingramcontent.com/pod-product-compliance
Lightning Source LLC
LaVergne TN
LVHW081424110826
845149LV00010B/1859

* 9 7 8 9 2 6 4 2 5 2 2 1 9 *